Mosaik bei
GOLDMANN

Buch

9. Juni bis 9. Juli 2006 – Fußball-WM in Deutschland: Das bedeutet Ausnahmezustand in vielen Beziehungen. Während *er* in diesen vier Wochen zum leidenschaftlichen Fan, Super-Kommentator, Schiedsrichter und Bier trinkenden Monster mutiert, steht *sie* nicht selten fassungslos daneben und hofft, dass alles schnell vorbeigeht. Natürlich können vier Wochen mit guten Freundinnen und einer Menge Prosecco überbrückt werden – aber warum stattdessen nicht einmal die Gunst der Stunde und das Großereignis zur aktiven Beziehungspflege nutzen?

Carola Kupfer und Christine Weiner lüften das Geheimnis des Fußballs, erklären – frauengerecht – die wichtigsten Spielregeln, analysieren augenzwinkernd das Verhalten von Partnern und Fans (und wie *sie* am besten damit umgeht) – und verraten Tricks, wie *sie* durch ihr neues Know-how rund um die Pille für den Mann die Beziehung wieder nach vorne bringen kann.

Autorinnen

Carola Kupfer, Jahrgang 1964, ist seit fünfzehn Jahren als Autorin, Texterin und Kommunikationstrainerin für verschiedene Agenturen, Forschungszentren und Verlage tätig. Seit 12 Jahren ist sie selbst mit einem ehemaligen Hochleistungssportler verheiratet und kennt sich aus mit dem Thema Sportwahn und Partnerschaft.
Christine Weiner, geboren 1960, arbeitet seit vielen Jahren als Autorin, Journalistin und Trainerin. Sie leitet Schreib-Workshops in Deutschland, Schweden und der Schweiz. Aus der Sendung »Kaffee oder Tee« im SWR ist sie als Buchexpertin bekannt.

Carola Kupfer
Christine Weiner

Die perfekte Fußballbraut

So meistern Sie mit Ihrem Liebsten
die Fußball-WM und die Zeit danach

Mosaik bei
GOLDMANN

Für die freundliche Abdruckgenehmigung der Zitate
aus »Ballfieber« von Nick Hornby danken wir dem
Rogner & Bernhard Verlag.

FSC
Mix
Produktgruppe aus vorbildlich
bewirtschafteten Wäldern und
anderen kontrollierten Herkünften

Zert.-Nr. SGS-COC-1940
www.fsc.org
© 1996 Forest Stewardship Council

Verlagsgruppe Random House FSC-DEU-0100
Das FSC-zertifizierte Papier *Munken Print* für Taschenbücher aus dem
Goldmann Verlag liefert Arctic Paper Munkedals AB, Schweden.

1. Auflage
Originalausgabe Februar 2006

Übersetzung von Marcus Geiss.
Umschlaggestaltung: Design Team München
Umschlagmotiv: Tertia Ebert
Innenteilillustrationen: Petra Dorkenwald
Satz: Uhl + Massopust, Aalen
Druck und Bindung: GGP Media GmbH, Pößneck
WR · Herstellung: Han
Printed in Germany
ISBN 10: 3-442-16799-X
ISBN 13: 978-3-442-16799-9

www.goldmann-verlag.de

Inhalt

Was ist eine perfekte Fußballbraut?

»Die Frauen haben sich entwickelt in den letzten Jahren. Sie stehen nicht mehr zufrieden am Herd, waschen Wäsche und passen aufs Kind auf. Männer müssen das akzeptieren.«

Ex-Fußball-Profi Lothar Matthäus
in einem Playboy-Interview

Die perfekte Fußballbraut ist sicher der Wunschtraum vieler Männer. Interessiert, aufgeschlossen und einigermaßen informiert, toleriert und begleitet sie *ihn* in seinen Glücksmomenten und Leidensphasen als Fußballfan durchs Leben. Sie ist etwas Besonderes, das ist klar. Sie ist selten, viel zu selten. Und sie ist eine Rolle im täglichen Beziehungskick, die für uns Frauen weitaus spannender ist, als Sie jetzt vielleicht vermuten. Doch zunächst einmal gibt es dafür keine Definition. Fußballbräute werden nach eigenen Ideen, Wünschen und Bedürfnissen gestrickt. Manchmal haben die mit der Realität nichts zu tun, denn Frauen sind nun mal lebendig und werden von eigenen Motivationen gesteuert. Auch was den Fußball angeht. Das ist so ähnlich wie mit dem »perfekten Liebhaber«. Den gibt es ja auch nicht, es sei denn, es geht um pure »Bedienung«. Wir haben uns aber dennoch den Spaß erlaubt und verschiedene Frauen und Männer befragt, was für sie eine »perfekte Fußballbraut« ist, beziehungsweise welche Merkmale sie mitbringen muss. Wie zu erwarten war, bekamen wir ziemlich unterschiedliche Antworten. Von einem genervten Gesichtsausdruck (»Gibt es nicht!«) bis hin zu Statements, die erste Annäherungen erkennen ließen (»Hat eine Lieblingsmannschaft…«). Generell können wir aber weitergeben, dass kein Mann es schätzt, wenn während eines Spiels der Teppichboden gereinigt wird, die Fenster aufgerissen und im selben Raum kichernde Telefonate mit der besten Freundin geführt werden. Für viele der Befragten war das Spiel so etwas wie eine »heilige Zeit«. Wenn Sie also mit dieser Art von Andacht nichts anfangen können, dann ist es besser, die »heiligen Räume« zu verlassen. Vielleicht geht der gute Geist des Fußballs ja zu einem anderen Zeitpunkt auf Sie über.

Hier die Ergebnisse unserer Spontanumfrage:

»Gibt es nicht!« (Marco, 21 Jahre)

»Soll sich raushalten.« (Frederik, 31 Jahre)

»Sitzt in der Küche, schmiert Brote und füllt den Kühlschrank mit Bier auf.« (Simon, 32 Jahre)

»Ist während des Fußballspiels eher ein Kumpel.« (Manuel, 27 Jahre)

»Ich brauche ihr nichts erklären, sie kennt sich mit den Regeln aus.« (Peter, 34 Jahre)

»Hat eine Lieblingsmannschaft, zu der sie steht, auch wenn es eine andere ist als meine.« (Roberto, 36 Jahre)

»Hält das aus, wenn meine Freunde zum Fußball-Fernsehabend kommen. Das Rauchverbot in der Wohnung wird für diesen Abend aufgehoben.« (Sasha, 26 Jahre)

»Es genügt schon, wenn sie kapiert, dass Profi-Fußball kein Spaßkicken ist.« (Timo, 23 Jahre)

»Ich bin bei Spielen ziemlich aufgeregt. Es ist schön, wenn sie dabei ist, ohne dass ich mich um sie kümmern muss.« (Benjamin, 35 Jahre)

»Gibt keine blöden Kommentare ab.« (Pedro, 30 Jahre)

»Trinkt mit mir Bier und sieht die Chipskrümel auf dem Teppichboden nicht.« (Burak, 22 Jahre)

»Weiß, dass nicht jedes Tor ein Anlass zum Jubel ist.« (Stefano, 28 Jahre)

Übrigens: Alle Frauen, die wir befragten, bezeichneten sich schon als »perfekt« – allerdings mit einem Schmunzeln im Gesicht. Wichtig sei es, die Regeln zu kennen; die größte Herausforderung sahen alle darin, während eines Spiels nicht zu schmusen – und als am interessantesten wurden die »psychischen und physischen« Vorgänge genannt, die beim Partner stattfinden. Manche Frauen waren ziemlich verblüfft, was da so alles passiert (und mutiert).

Dabei sein ist nicht genug

Es gibt ein paar Regeln und Phänomene, die gemeinsames Fußball-Schauen mit sich bringt. Männer trumpfen eitel auf, und wir zicken manchmal rum. So ist das halt. Das Gleichgewicht vor dem Fernseher oder auf der Bank stellt sich nicht gleich beim Anpfiff ein. Natürlich betonen wir während des Spiels und auch danach ständig unsere emotionale Distanz (was nicht immer stimmt) und tun so, als wäre uns die Rolle der coolen Beobachterin förmlich auf den Leib geschrieben (und ballen beim Gegentor heimlich die Fäuste). Bei Diskussionen um Fouls und gelbe Karten bestehen wir auf unserem Know-how und werden dabei auch mal laut. Wir zeigen uns, wetten mit und: Wir speichern, was wir sehen, hören und fühlen! Beim Spiel und in unserem Umfeld. Seit Jahren schon. Fußball und Beziehung ist nämlich eines unserer großen Forschungsgebiete. Geht das zusammen, was zusammengehören kann, aber immer wieder doch nicht zusammengeht? Für viele, besonders junge Frauen, ist es gar kein Thema mehr, dass sie sich für Fußball interessieren. Und dann gibt es welche, die sich noch immer mit gerümpfter Nase abwenden. Und solche, wie wir es sind, die Fußball als interessant, lustig und hin und wieder ziemlich stimulierend erleben. Oft genug haben wir auf Frauenstammtischen darüber gesprochen und Anekdoten ausgetauscht.

Mittlerweile ist ziemlich viel Material zusammengekommen, und wir pflegen diesen Bestand mit Hingabe und einem breiten Grinsen im Gesicht. In unseren Notizen findet sich Wissenswertes, Nachdenkliches, Lernenswertes, Skurriles und Amüsantes. Aus Frauensicht, versteht sich. Und teilenswert … mit anderen Frauen. Letzteres macht unser Sammelsurium für Männer richtig spannend. Klar, sie wollen wissen, was wir wissen. Auch die Liebe ist ein Spiel! Spiele sind immer aufschlussreich. Menschen zeigen im Spiel Seiten, die sie sonst verbergen. Liebe, Sex, Glotze oder Stadion. Welche Spielstrategien sind zu erkennen? Wer ist Fan, wer Banause, Spieler oder Zuschauer, Kenner oder Ignorant? Ein Fußball ist nicht nur rund, sondern hat auch Ecken und geheime Winkel. Wenn man Lust hat, kann man neben Foul, Dosenbier und Männerfreundschaft aktiv etwas für die Beziehung tun. Fußball ist belebend und macht auch müde Beziehungen wieder munter, denn beide Partner, Männer und Frauen, zeigen sich emotional fast nackt. Danach können weitere Hüllen fallen.

Aber in diesem Buch geht es nicht nur um Küsse vor dem Fernseher, sondern wir lüften auch das Geheimnis des Fußballs, die wichtigsten Spielregeln (damit Sie mitreden können). Wir analysieren augenzwinkernd das Verhalten von Partnern und Fans (und wie Sie wann am besten damit umgehen), informieren über wichtiges Equipment für den perfekten Fußballabend – und beschäftigen uns last but not least damit, wie Sie durch Ihr neues Know-how rund um den Ball im Zweikampf glänzen. Denn schließlich geht es beim Fußball um eine Lebensphilosophie.

Die folgenden Grafiken helfen Ihnen bei der schnellen Orientierung:

= Hier wird Fachwissen zum Mitreden und für den geschliffenen Kommentar vermittelt! Allgemeingültiges, aber auch Spezial-Infos, mit denen Sie glänzen und verblüffen können!

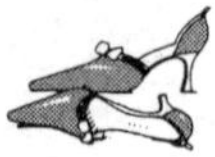

= Immer dann, wenn Sie die kleinen Pumps im Buch finden, geht es um konkrete taktische Tipps und Tricks für Sie.

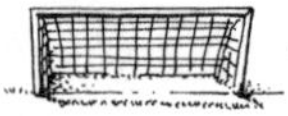

= Das Tor symbolisiert den Gewinn für die Partnerschaft. Hier stehen also Tipps, Übungen und Vorschläge, die Sie *und* Ihren Partner betreffen.

Ach ja, eines noch: Auf der Welt wird jeden Tag irgendwo Fußball gespielt. Mit immer wieder neuen Rekorden, Bestenlisten und kuriosen Randerscheinungen. Uns war es ein Vergnügen, in den schönsten Fußballerzitaten und -taten der letzten Jahrzehnte zu baden und für Sie ein paar Perlen herauszufischen …

Warum Fußball so sexy ist

Falls Sie es noch nicht wussten: Fußball ist sexy. Und zwar ziemlich sexy. Vermutlich noch mehr, als Sie bereits vermutet haben. Und deswegen haben Frauen und Männer allen Grund, diesen Sport zu lieben. Oder haben Sie etwa einen Partner, der sich *nicht* für Fußball interessiert? Nein, nein, wir meinen nicht diejenigen, die dies volltönend (und im stolzen Wissen um ihre vermeintliche Exotik) behaupten, aber dann bei »wichtigen« Spielen doch vor dem Fernseher sitzen. Sie begründen dies damit, dass solche Events einfach zur Allgemeinbildung gehörten, gruppendynamisch wichtig seien oder Bestandteil von sporadischen Sozialstudien wären. Und wir denken auch nicht an jene, die heimlich und in aller Stille doch das Geschehen in den Stadien der Welt verfolgen und sich später im Gespräch durch erstaunlich gute Detailkenntnisse verraten. Wir fragen nach einem Mann, der das Phänomen Fußball wirklich und gnadenlos aus seinem Leben ausgeklammert hat. Nach einem, der den Unterschied zwischen Bundesliga und Pokalspielen nicht kennt, der sich nicht die Bohne für den derzeitigen Trainingszustand der Nationalelf interessiert – und der niemals mitreden kann (und will), wenn das Gespräch auf Fußball kommt. Keine Frage: Diese Männer sind eine extrem seltene Spezies und wohl eher in einem buddhistischen Kloster als bei uns zu finden. Allerdings soll ja auch der Dalai Lama sehr begeisterungsfähig sein…

Den absoluten Fußballbanausen gibt es eigentlich gar nicht. Fußball ist ein Phänomen, das uns in allen Altersstufen, sozialen Schichten, Bildungsstufen und Gruppierungen begegnet. Die Tendenz ist eher steigend. Männer lieben Fußball. Frauen mögen Fußball. Der Dalai Lama mag vielleicht Fußball. Und Sie spätestens auch nach der Lektüre dieses Buches. Es ist nicht schwer, Fußball zu mögen – und der echte Verweigerer, Abstinenzler oder Ignorant ist out. Denn viel zu groß ist die Faszination, die von Klinsi, Toppi, Atze, dem Schiri und Co. ausgeht, das dürfen Sie uns ruhig glauben.

Die Aussage »ich interessiere mich nicht für Fußball« bedeutet daher in gewisser Weise das soziale Aus. Denn genau genommen heißt dies nichts anderes, als dass jemand mehr oder weniger selbstbewusst verkündet, sich zu einem bedeutenden Anteil weder für seine Mitmenschen noch für seine Freunde zu interessieren. Oder – denken wir jetzt an eine Frau – für den Mann ihres Herzens. Für eine erfolgreiche Beziehung ist die gelebte Fußballabneigung von einer Seite ein klares K.-o.-Kriterium. Es funktioniert eben nicht, wenn einer vor dem Fernseher zittert, während der andere müde daneben liegt und gähnend etwas liest. Das macht keinen Spaß, und jeder erotische Funke erstickt im Keim.

Immer mehr Frauen machen sich deshalb auf den Weg, den Fußball für sich zu entdecken, und bauen ihn spielerisch in ihre Beziehung ein. Nicht nur Frauenfußball wird immer populärer, auch das Spielerlebnis mit dem Partner. Denn es ist spannend zu sehen, was alles so passiert, wenn ein Spiel angepfiffen wird. Es ist keine *blöde Ballnachrennerei,* sondern eine Entdeckungsreise, die uns viel vom Wesen unseres Partners und der gemeinsamen Liebe erzählt. Offensives Spiel ist angesagt – defensiv waren Sie schon genug.

Natürlich wissen wir, dass Fußball nicht die elitäre Klasse von Golf ausstrahlt. Fußball hat auch nicht das Charisma von Tai Chi oder den Fun-Faktor vom Skifahren. Und dieser Sport hat auch nichts mit der stillen Würde eines Yogameisters gemein – oder dem eleganten Körpereinsatz eines Stabhochspringers. Im Gegenteil: Fußball ist laut. Fußball ist schmutzig. Fußball ist hart. Fußball polarisiert, schafft Feindbilder, ist aggressiv und unberechenbar. Ein Sport für Wilde, für Angeber, Schreihälse, Machos, Hypochonder und Klugscheißer. Eine Bewegungsform, ein Spiel, das für alle geschaffen wurde, die dabei sein wollen – ob auf der Straße, dem Bolzplatz, im Stadion oder auf den roten Teppichen der Welt. Es verbindet im Sieg und in der Niederlage, denn jeder, der auch nur ein wenig davon versteht, kann etwas dazu sagen und eine Position beziehen.

Genau betrachtet ist Fußball nichts anderes als eine einzigartige Kombination aus Laufen, Ballspiel und Gemecker; ein Miteinander von Wölfen und Schafen, von Könnern und Schaffern. Kurz: Fußball ist eine der ganz wenigen Aktivitäten, die in der Lage ist, weltweit Menschen aller Nationalitäten und gesellschaftlichen Klassen zumindest für die Länge eines Spiels miteinander zu verbinden – in welcher Form auch immer. Das schafft kaum ein Künstler, kein Politiker, kein Naturereignis, sondern ein kleines rundes Stück Leder, genäht aus 20 Sechs- und 12 Fünfecken. Ist das etwa uninteressant?

Es ist vor allem eines: sexy. Sie glauben uns nicht? Dann riskieren Sie doch beim nächsten Spiel einen Blick auf Ihren Mann – ganz gleich, was für ein Typ da an Ihrer Seite hockt und in die Mattscheibe starrt. Der intellektuelle Schöngeist mutiert beim gegnerischen Elfmeter zum laut pöbelnden Proleten, der ruppige Macho wird angesichts eines virtuosen Querpasses zum verklären Fußball-Poeten. Schüchterne werden bei umstrittenen Pfiffen laut, laute Schreihälse beim kassierten Gegentor ganz leise. Der Feinschmecker konsumiert plötzlich Unmengen fettiger Chips, während sich der Allesfresser pointierte Bemerkungen genussvoll auf der Zunge zergehen lässt. Und dann erst diese unerwartete Musikalität! Mit gereckter Faust und schenkelklopfend werden die verschiedensten Hymnen spontan intoniert – damit war nun wirklich nicht zu rechnen. Fußball legt eben nicht nur sportliche, sondern auch ganz andere Talente frei. Fußball ist das optimale Förderprogramm für versteckte Fähigkeiten. Eigentlich sollte man, bevor man eine Stelle oder sein Herz vergibt, ein Fußballspiel miteinander erlebt haben. Ziemlich spannend, ziemlich aufregend. Viele Fragen könnten vorab beantwortet werden.

Betrachten wir uns diesen Fußballfan doch noch einmal genauer – und zwar mit den Augen einer Frau. Äußerst lecker, der erotische Schweißfilm auf seiner Stirn oder über seiner Oberlippe, und vielversprechend die rhythmisch zuckenden Oberarmmuskeln, wenn er mitfiebert. Und dann erst der gigantische Brustkorb, wenn er mit aufgeregt angehaltener Luft gefüllt ist! Süß, das männliche Haareraufen beim gegnerischen Angriff. Alles in allem ein hübscher Nachtisch oder Happen für zwischendurch – Sie wissen schon, was wir meinen, oder? Stellen Sie sich einmal vor, der Fernseher wäre in just diesen Momenten ausgeschaltet – wäre das nicht purer Sex?

Zugegeben: Auch wir mussten uns diesen Erkenntnissen annähern. Die unterschiedlichsten Phasen – von naserümpfendem Desinteresse und blankem Erstaunen über stilles Entsetzen bis hin zu den erstaunlichsten Beobachtungen – gingen unserer wachsenden Begeisterung voraus. Heute wissen wir, Fußball hat nicht nur Klasse, sondern ist auch klasse.

Fußball zeigt, wie Männer wirklich sind, und das ist ganz schön aufregend. Fast verliebt man sich ein wenig neu in diesen Mann, den man vielleicht schon ziemlich lange kennt und der in 90 Minuten Spielzeit ganz neue Verhaltens- und Stimmakzente offenbart. Er wird laut, die Seufzer werden tief, es wird geschrien, gerufen und lamentiert.

Nicht nur Männer werden anders, Frauen auch!

Vielleicht fühlen Sie sich anfangs noch ein wenig deplatziert auf dem Sofa, doch sobald Sie sich auf Fußball mit all Ihren Sinnen einlassen, werden auch Sie zu einer Person vom anderen Stern. Eine neue Frau sitzt da an seiner Seite. Eine, die Dinge macht und sagt, von denen er niemals ahnte, dass sie in ihrem Repertoire verfügbar sind. Die Muskeln spannen sich an, und die Augen leuchten. Sie feuern Ihre Mannschaft an! Vielleicht würde er nun gerne mitlaufen. Einzig, um Anerkennung zu gewinnen (und noch ein paar hunderttausend Münzen, die Sie beide dann in Nizza verjubeln). Und während Sie ihn heimlich betrachten, fragt er sich, welches süße Wesen da neben ihm auf der Stadionbank oder vor dem Fernseher gelandet ist. Gut möglich, dass er sein Glück am Anfang noch gar nicht fassen kann – zu tief sitzen all die Phrasen, die über Frauen und Fußball einst geschaffen wurden: »Wo hält sich eine perfekte Fußballbraut während des Spiels am besten auf? Im Keller, um Bier zu holen!«

Sie beweisen ihm, dass die Vorstellung von Bier und Keller ziemlich veraltet ist, denn augenblicklich geht es um Leidenschaft, Schweiß und Liebe. Und über die dummen Sprüche können Sie nur noch mitleidig lächeln.

Die perfekte Fußballbraut fühlt mit

Als perfekte Fußballbraut wissen Sie, auf welche Weise Sie Ihren Schatz bestens bei seinen virtuellen Reisen in die Stadien dieser Welt und seinen vielfältigen Aufgaben als besserer Trainer, Coach oder Taktiker partnerschaftlich begleiten können. Und zwar ohne dass Sie etwas vorgeben müssen oder ihn gar kompromittieren. Plötzlich können Sie auf den Punkt genau nachfühlen, wie es ihm ergeht, wenn seine Mannschaft gerade verliert – und mit schlafwandlerischer Sicherheit reagieren Sie in diesem Moment ganz angemessen. Nicht, weil Sie sich etwas angelesen haben, sondern weil Sie selbst von der Situation ergriffen sind. Wenn das nicht verbündet, wenn die letzte Tormöglichkeit verschossen oder ein unmöglicher Sieg errungen wurde… das ist besser als jede Aussprache in einer lauen Sommernacht bei einem Glas Wein. Und: Es ist so leicht zu haben und erfüllt Sie selbst mit Freude und knisternder Erregung! Haben Sie sich dem Fußball zugewandt, beginnt die Zeitrechnung Ihrer Liebe neu. Sie sind Verbündete, Komplizen, ein Liebespaar und sehr vertraut – die beste Kombination für ein harmonisches Miteinander vor, während und nach dem Spiel!

So viel schon einmal vorab, damit Sie wissen, was Sie auf den folgenden Seiten erwartet. Doch blicken wir zunächst auf eine Menge Vorurteile, mit denen Freundinnen, Kollegen, Partner und andere Menschen möglicherweise versuchen, Sie von Ihrem neuen Vergnügungsfeld zu verdrängen. Unerleuchtete. Noch nicht Erwachte. Neider. Missgünstige. Eifersüchtige. Vergnügungsblinde. Es gibt Tausende von ihnen, aber mit jedem Tag der Fußballweltmeisterschaft werden diese Stimmen leiser.

Vorurteile sind dazu geschaffen, um ihnen zu widersprechen. Fangen wir damit sportlich an!

Beziehungs-Kick Fußball – Fakten, Probleme und Chancen

Wohl kaum eine Sportart führt zu derartig vielen Beziehungskrisen, handfesten Ehekrächen und zerbrochenen Freundschaften wie Fußball. Vordergründig (und meist unter Männern) geht es dabei in der Regel um hochtrabende Themen wie Ehre und Fairness auf dem Platz oder am Spielfeldrand; beim genaueren Hinsehen verbergen sich dahinter aber oft Schwächen wie »Nicht verlieren können«, »Spiele bierernst nehmen« oder einfach Neid, brennende Eifersucht und schlichter Konkurrenzkampf.

Betreten wir Frauen das Feld, werden die Krisen mit anderen Überschriften betitelt. Nehmen wir uns dafür einmal ein Bild aus alten Tagen vor. *Er* will Fußball schauen und *sie* will nicht. Darüber hinaus will *sie*, dass *er nicht* schaut und lieber mit *ihr* ein wenig »spielt«.

Während *er* im Normalfall von »mangelnder Toleranz«, »Unverständnis« und der »fehlenden Bereitschaft, seine Hobbys zu akzeptieren« spricht, werden von *ihr* in diesem Ballabtausch eher grundsätzliche Fragen bezüglich der Partnerschaft gestellt. Beispiele wären hier, wie der »respektvolle Umgang miteinander« aussehen soll oder die »gemeinsame Freizeitgestaltung«, hinzu kommen hinsichtlich des Spiels allgemeine Forderungen wie »Gleichberechtigung« oder »Gewaltlosigkeit«. *Er* ist mürrisch, *sie* nörgelt – und am Ende dieses Beziehungsspiels geht *er* genervt zu Freunden, und *sie* trifft sich mit anderen Sitzengelassenen und lässt Proseccokorken knallen.

Kommunikationspsychologisch betrachtet könnte man feststellen, dass es hier ganz offensichtlich an einer gemeinsamen Sprache mangelt und Konflikte dadurch sozusagen vorprogrammiert sind. Szenen wie die geschilderte sind Selbstzünder. Da müssen Sie gar nicht mehr viel machen, der Krach kommt wie von selbst, am Beziehungshimmel zucken Blitze und er ist bewölkt. Die Stufe danach sieht nicht viel besser aus. *Sie* fühlt sich sonst nur rund um ihre Periode und kurz vor dem Eisprung derart lieblos ignoriert, während *er* seine Ruhe eigentlich immer und ständig Bier trinkend bei Freunden sucht. *Sie* ist mittlerweile resigniert auf Champagner umgestiegen.

Ist Fußball also ein Störfaktor für eine harmonische Beziehung oder Freundschaft? Wenn man ihn so lebt, gut möglich.

Natürlich kann eine Freundschaft oder Beziehung scheitern, wenn keiner der Partner in der Lage ist, Toleranz für den anderen und dessen Steckenpferde aufzubringen. Das gilt für beide Geschlechter und Hobbys aller Art. Es ist immer lästig und macht aggressiv, widmen wir uns einer Sache mit ganzem Herzen und ein Freund oder eine Freundin macht sich darüber lustig oder trampelt gar auf unseren Erfolgen herum: *»Wie, gehst du schon wieder in den Jaulverein, oder wie hieß noch mal dein Chor?«* Mit Späßen dieser Art geht jede Form einer Beziehung schnell vor die Hunde. Freunde werden von uns erwählt, und wir können die Freundschaft kündigen, wenn wir uns nicht mehr respektiert fühlen. So sollte es auch in der Liebe sein.

Tatsache ist jedoch, dass wir uns auch dann verlieben, wenn der andere gar nichts sagt. Man denke nur an die Liebe auf den ersten Blick. Es wird Sie also nicht verwundern, dass ausgerechnet Menschen, die sich lieben, in ihrer Freizeit nicht immer dasselbe unternehmen wollen. In puncto Fußball ist dies geradezu eine Rarität. (In unserem Freundeskreis existiert genau ein solches Paar. Beide sind evangelische Pfarrer. Aber ob diese berufliche Übereinstimmung auch zur gemeinsamen Fußballfreude geführt hat, wissen wir nicht.) Männer lieben Fußball, und Frauen – nun, sie lieben mit. Mal weniger, mal mehr, und oft genug würden sie lieber mit dem Mann an ihrer Seite shoppen gehen.

Dennoch muss Deutschlands beliebteste Sportart kein Beziehungskiller sein, sondern die Chancen stehen – wie vor jedem guten Kick – eher 50:50. Es liegt an Ihnen, ob Fußball etwas Verbindendes oder Trennendes in Ihrer Beziehung wird.

Vorurteil Nr. 1: Schluckimpfung ist süß, Frauenfußball ist bitter!

Das ist der Spruch, der 1970 durch die Schulen ging. Ganze Klassen von kleinen Jungs hielten sich vor Lachen die Bäuche, und die Mädchen zeigten ihnen einen Vogel. Ohne Resultat. Jahrzehntelang galt Fußball als eine reine »Männersache«. Für manche ist er das noch heute. Und es spielt dabei auch keine Rolle, dass im internationalen Damenfußball in den letzten Jahren größere Erfolge als bei den männlichen Kollegen erzielt wurden. Irgendwie geht das an den meisten Männern noch vorbei. Gut, die eine oder andere Spielerin kennt man jetzt sogar namentlich, aber einmal ehrlich: Haben Sie sich schon je ein Frauen-Fußballspiel in voller Länge angeschaut? Nein? Merkwürdig, oder? – fehlt doch gerade in solchen Spielen all das, was wir an den Männerrunden hassen! Vergeblich warten wir auf sexistische Pöbeleien, virtuose Gewalteinlagen, überflüssige Macho-Gesten und sinnlose Kommentatorensprüche auf Stammtisch-Niveau. Frauenfußball ist gekonnt, schnell und erfolgversprechend. Doch die Männer, die mit uns Frauenfußball schauen, werden dabei irgendwie ein wenig brav. Sie regen sich nicht auf, werden nicht mehr zum Tier, sondern sind kleine Pantoffeltierchen, die sich bemühen, als männliche Emanzen 90 Minuten durchzuhalten. Sehr fürsorglich. Sehr lieb. Aber leider gar nicht sexy.

Auch wenn unsere Schwestern nun verächtlich schimpfen: Beide Autorinnen bekennen, Fans des männlichen Spiels zu sein. Wir lieben das Geschrei, Gebrüll und die männlichen Gebärden. Ist so. Kann man nichts machen. Auch wenn es manchmal peinlich ist. Warum eigentlich? Was spricht denn gegen Fußball als Spiel in der Beziehung?

Leider noch ziemlich viel – glaubt man zumindest einschlägigen Medien, immer wieder kolportierten Vorurteilen und den ewigen Sprücheklopfern. Bei denen ist Gleichberechtigung in Sachen Kick undenkbar. Ein Grund mehr, sich solche Töne einmal etwas genauer anzuschauen.

Vorurteil Nr. 2: Fußball kennt keine Gleichberechtigung

Stimmt nicht ganz. Immerhin gibt es Frauenfußball und im Deutschen Fußballbund (DFB) sogar eine Frauenbeauftragte. Immer häufiger werden Spiele der deutschen Frauen-Fußballnationalmannschaft im Fernsehen übertragen. Und die Frauenquote im Stadion steigt ebenso beharrlich wie die Zahl der weiblichen Fans, die Fußball im Fernsehen verfolgen. Böse Zungen behaupten allerdings, dass dies weniger mit dem Sport an sich als mit der ungewöhnlich attraktiven Ansammlung von Spielern, Trainern und Betreuern im derzeitigen Nationalteam zu tun hat.

Streng genommen ist dies alles sowieso Augenwischerei. Nach wie vor gibt es keine gleichberechtigte Frauen-Bundesliga (was Sendezeiten und Interesse in den Medien betrifft), nur wenig anerkannte Fußball-Kommentatorinnen – und wenn sich eine Frau als leidenschaftlicher Fußballfan zu erkennen gibt, gilt sie entweder als Mannweib, als zutiefst exotisch, als die rechte (und rechtlose) Hand des Partners oder als eine Person, die sich auf Biegen und Brechen bei den Männern interessant machen möchte. Und wer will das schon?

Fassen wir zusammen: Gleichberechtigung im Fußball gibt es nur rudimentär und eher in der Theorie (also Politik und Verbandsarbeit) als in der Praxis, die über Medien und Vereine kommuniziert wird. Dennoch steigt der weibliche Anteil am internationalen Fußballgeschehen – Fangemeinden, toleranten Partnern und netten Spielern sei Dank. Und das Potenzial ist längst noch nicht ausgeschöpft! Immerhin ist der weibliche Anteil der Bevölkerung größer als der männliche. Wenn also deutlich mehr Frauen den Fußball aktiv oder passiv entdecken, werden sie langfristig auch stärker in Medien und Verbänden vertreten sein. Von daher ist das Thema Gleichberechtigung eigentlich nur eine Frage der Zeit.

Vorurteil Nr. 3: Fußball ist unangenehm sexistisch und ordinär

Stimmt teilweise. Denn rein theoretisch ist Fußball natürlich nichts anderes als ein gewöhnliches Ballspiel, ja, Sie haben richtig gehört: ein *Spiel*. Und damit trägt der Sport eigentlich eine Leichtigkeit, eben das Spielerische in sich, was im Prinzip ernste Themen ausklammern sollte. So ist es in der Praxis aber nicht. Oft kolportierte Statements wie »Vogts, du Arschloch!« (Bundesliga-Spieler Carsten Jancker), »Keiner war frei, da hab ich die Pille einfach reingewichst« (Ex-Kicker Ernst Kuzorra, Schalke, gest. 1990) oder »Ey Mädels, unser Schwarzer hat den Längsten!« (Lothar Matthäus zur Basketball-Nationalmannschaft der Damen) beweisen leider das Gegenteil. Der Journalist Dirk Schümer bringt diesen Sachverhalt in seinem sprachlich pointierten Rundumschlag *Gott ist rund – Die Kultur des Fußballs* (unbedingt lesen!) auf den Punkt: »Ein Sport, bei dem die stürmenden Kräfte gut gedeckt werden müssen, bei dem sich die Spieler andauernd anbieten und der Ball über die Latte gelenkt wird, kann niemals den ordinären Ruch des Kneipenhinterzimmers und der Männerwitze loswerden. (...) Frauen, die trotzdem am Fußball teilhaben möchten – und sei es nur, um ihren Mann zu verstehen –, wird dies bloß dann gestattet, wenn sie den Männerjargon erlernen und eine Mimikry an die männliche Fußballerotik vollziehen.«

Ganz so streng sehen wir das allerdings nicht mehr. Denn natürlich wollen Frauen sich heute weder anpassen noch ihre Männer nachahmen – im Gegenteil: Es geht uns ja gerade darum, eigene Wege zum Fußball zu finden, und die bewegen sich ganz sicher nicht im sexistischen oder ordinären Bereich! Von fußballbedingter Verbalerotik sollte man sich da nicht abschrecken lassen, sondern sie mit Humor betrachten. Männer, so heißt es immer wieder, sind alles andere als sprachgewandt. Wenn das stimmt, wie schaffen sie dann diesen Fußballjargon?

Vorurteil Nr. 4: Fußball und eine verständliche, niveauvolle Sprache schließen einander aus

Stimmt zwar, aber auch nur teilweise. Klar, bei prägnanten Aussagen wie »Hau rein das Ding« (typischer Fan-Kommentar) oder »Ich hab gehalten wie ein Arsch« (Ex-National-Torhüter Toni Schumacher nach der Final-Niederlage bei der WM 1986) fasst sich jede normale Frau an den Kopf. Und Trainer-Rückfragen wie »Zickler ist eine Spitzen mehr Mehmet e mehr Basler. Ist klar diese Wörter, ist möglich verstehen, was ich hab gesagt?« (aus der legendären Rede von Giovanni Trapattoni, siehe Anhang) helfen hier auch nicht wirklich weiter. Doch seltsamerweise verstehen und tolerieren unsere Männer diese Sprache und verwenden sie sogar selbst, wenn es darum geht, einzelne Spielzüge möglichst plastisch zu beschreiben! Und es ist ihnen nicht einmal peinlich, vom »psychologisch wichtigen Kaputttreten« zu reden, »hängt den Schiri auf« zu fordern oder hochintellektuelle Erkenntnisse mit den Worten »drin is drin« oder »knapp vorbei ist auch daneben« auszudrücken. Immer befinden sie sich dabei in guter Gesellschaft, da dieser Jargon quasi gesellschaftsfähig ist. Und das ist das Positive daran: Die Fußballsprache verbindet für einen erstaunlichen Moment unterschiedliche soziale Schichten und wird dadurch zu einem wichtigen Kommunikationsfaktor auf dem Spielfeld, auf der Tribüne oder vor dem Fernseher. Ein unerhörtes Potenzial, das irgendwie noch nie so richtig ausgeschöpft wurde.

Typische Fan-Gesänge, in denen bestimmten Volksgruppen die Lederhosen ausgezogen werden, oder die üblichen »Na na na na…«-Gesänge können von Frauen dabei prima mitgesungen werden – der augenzwinkernde Kommentar »dumm kickt gut« oder der spontane Aufschrei »donner ihn rein, du schwule Sau« dürfte allerdings auf männliches Befremden stoßen. Zur Erinnerung: Sie sind eine Frau – und Fußball ist immer noch eine Männerdomäne. Also auch der dazugehörige Jargon. Und das bedeutet konkret: Wenn *er* sprachlich aus der Rolle fällt, gehört das eben dazu; bei *Ihnen* hingegen wird es zum vermeidbaren Fauxpas. Also lieber bleiben lassen – und glauben Sie uns: Es gibt Dinge, deren Verzicht mehr schmerzt…

Vorurteil Nr. 5: Fußball braucht Spitznamen – egal wie dämlich

Stimmt. Man stelle sich einmal vor, ein ganzes Stadion müsste das dreisilbige und konsonantenreiche Wort »Schieds-rich-ter« gemeinsam intonieren. Klappt natürlich nicht und heilloses sowie albernes Durcheinander würde entstehen. Reduziert auf den »Schiri« klingt das gleich ganz anders. Tausende von Menschen singen im Chor, obwohl kein Mensch sie auffordert oder das Ganze lenkt. Dazu braucht es Spitznamen und Abkürzungen! Eigentlich ein Phänomen, das wir alle schon aus Kindertagen kennen: Aus Sebastian wurde im Spiel schnell ein »Basti«, aus Franziska eine »Franzi«, und Hans-Dieter verwandelte sich kurzerhand in »Hansi«. Kommt Ihnen bekannt vor, oder? Das kleine Problem am Rande: Oft werden wir diese lästigen Verniedlichungen nicht mehr los.

»Liebe Tini, alles Gute zu deinem vierzigsten Geburtstag!« Aber es könnte auch schlimmer kommen, denn wäre Tini ein echter und hoch bezahlter Kicker, dann müsste sie, ob sie nun wollte oder nicht, ihren Spitznamen garantiert ein Leben lang behalten.

Rudi, Klinsi, Schlappi, Oli, Schweini und Co. sind also nicht aus purer Freundschaft, sondern eher aus ökonomischen Gründen entstanden. Sie gehen einfach schneller von der Zunge – und das ist bei einem Spiel auf dem Rasen mehr als wichtig. Daneben stehen die Nicknames oder Namenszusätze, die am Spielfeldrand, in den Medien oder den Mündern dreister Kommentatoren entstanden. »Tante Käthe« (für Rudi Völler) ist hier ein aussagekräftiges Beispiel in Anspielung auf seine dauergewellte Lockenpracht. Gemein, aber prägnant.

Wenn Ihr Liebster in seiner Freizeit Fußball spielt, wird vermutlich auch er einen dieser unausweichlichen Zweitnamen haben. Sie kennen ihn nicht? Dann sollten Sie unbedingt genau hinhören! Handelt es sich um eine der üblichen Abkürzungen, die auf -i oder -y enden, brauchen Sie sich keine Sorgen zu machen. Das ist erst einmal ein gutes Zeichen. Erfahren Sie jedoch, dass seine Mannschaft oder der Trainer ihn »Hasi« (wie Sie ihn immer nennen), »Putzi« (das war seine Mutter), »Softie« oder so ähnlich nennen, sollten Sie nachhaken. Viele Gründe können zu solchen Ausreißern führen, und wenn er ein echter Mann ist, wird er diese Konflikte lösen (indem er mit den Betroffenen nicht darüber spricht).

Richtig besorgt und irritiert sollten Sie eigentlich nur dann sein, wenn Ihr Partner plötzlich von *Ihnen* verlangt, seinen »Atze-Kalle-Klausi-Namen« auch in trauter Zweisamkeit zu nutzen. Doch das kommt zum Glück relativ selten vor. Gönnen Sie ihm also sein vorübergehendes »Kleiner-Junge-Sein«, er braucht das, und diese Phasen vergehen irgendwann so lautlos, wie sie kamen. Es sei denn, er wird zu einer »Tante Käthe«.

Vorurteil Nr. 6: Fußball fördert Gewalt – auch in der Partnerschaft

Stimmt bedingt. Nachrichten über gewalttätige Fans und Hooligans, die nach Spielen für Großeinsätze der Polizei sorgen, sind hier ebenso wenig repräsentativ wie Untersuchungen, die den vermeintlich hohen Anteil rechtsradikaler Fans herausstellen. Natürlich gibt es diese unangenehmen Auswüchse des Sports, doch umgerechnet auf die breite Masse aller Fußballspiele, Spieler und Zuschauer entsteht ein ganz anderes Bild. So gehören beispielsweise integrative Vereins- oder Mannschaftsmodelle in vielen Gemeinden längst zur Spiel- und Tagesordnung. Außerdem ist wissenschaftlich erwiesen, dass ein Sport, der vor allem aus Rennen und kraftvollen Bewegungen besteht, ein wunderbares Ventil zum Abbau von Aggressionen ist. Schon bei Kindern wird Sport gefördert, um Stress und Aggressionen zu verhindern. Hinzu kommt die unbestrittene Tatsache, dass Fußball ein Mannschaftssport ist. Teamfähigkeit und gemeinsames Denken und Handeln sind hier gefragt, um zum Ziel (dem Sieg) zu kommen. Und das klappt nun einmal nur gewaltlos.

Im Hinblick auf Partnerschaften scheint dies etwas anders zu sein – allerdings nur auf den ersten Blick als unmittelbare Folge von Fußball. Denn natürlich sorgt der Sport (ob tatsächlich ausgeübt oder nur vor dem Fernseher oder im Stadion genossen) immer wieder für Zündstoff: Fußball bindet mit unerhörter Regelmäßigkeit viel Zeit – das zudem meist am Wochenende – und ist auch Stunden später nicht abgeschlossen, da man sich immer noch über Fehlentscheidungen, verpasste Torchancen oder Fouls ärgern muss. Wird dieser schwelende Aggressionsherd dann in die Partnerschaft hineingetragen, kommt es unter Umständen zu psychischer oder gar physischer Gewalt.

Doch diese Verknüpfung ist zu einfach: Zwar tritt der

Sport in solchen Fällen möglicherweise als Auslöser von Gewalt in Erscheinung – die eigentliche Ursache ist jedoch etwas ganz anderes. Meist leidet die Partnerschaft nämlich unter elementaren Mangelerscheinungen bei Themen wie Kommunikation, Toleranz, gegenseitigem Verständnis und gemeinsamen Erlebnissen – alles Facetten einer Beziehung, die unserer Meinung nach gerade auch *durch* den Fußball ein wenig ins Gleichgewicht gebracht werden können. Wir werden später darauf zurückkommen.

Vorurteil Nr. 7: Fußball bietet nur schlechte Vorbilder

Stimmt nicht. Falls Sie es noch nicht bemerkt haben: Die Zeit der ausschließlich kickenden Spieler und Trainer ist schon seit langem vorbei! Fußballtalente mit Weitblick und Verbände kümmern sich parallel um Ausbildung und Studium und nutzen die oft üppigen Gehälter auch dazu, in Bildung und Zukunft zu investieren. Dicke Autos, Goldketten, die Protz-Rolex und Eigenheime mit Schlosscharakter sind peinliche Ausnahmen geworden. Lesen, Fremdsprachen und eine gute Allgemeinbildung gehören plötzlich ebenso dazu wie der Besuch kultureller Highlights oder die Abgabe politischer Statements. Aus Kickern werden Ärzte, Manager oder Consultants, der völlig verarmte Ex-Star ist inzwischen weitgehend Geschichte.

So weit, so gut – aber doch nicht ganz korrekt. Denn immer noch strapazieren allwöchentlich unsägliche Interviews oder Kommentare ambitionierter Jungkicker und

Altstars unsere Ohren und sorgen für entsprechend herablassende Kommentare in der gehobenen Presse. O.k., Familie Hoeneß hat es geschafft und nebenbei ein Würstchen-Imperium aufgebaut. Oliver Bierhoff gilt als Sprachtalent und wird daher bei offiziellen Terminen gern in die erste Reihe geschoben. David Beckham macht weltweit Werbung für Nassrasierer, sieht ganz gut aus und verdient dabei nicht schlecht. Und marottenfreie und unverbrauchte Jungstars bringen Sympathie und die Erkenntnis, dass Spitzensport nicht automatisch verderben muss. Trotzdem sind echte Vorbilder selten! Nationaltorwart Oliver Kahn galt jahrelang als Garant für Beständigkeit und Solidität – bis die Affäre mit einer Jüngeren und die Trennung von seiner Familie das ach so harmonische Bild erheblich ins Wanken brachte. Oder nehmen wir Günter Netzer: Einst als Spieler bei allen beliebt, gilt er heute vielen als Nestbeschmutzer und neidischer Ko-Kommentator. Nicht einmal der Kaiser Franz Beckenbauer blieb in seiner Vorbildfunktion, die er jahrzehntelang innehatte, unangetastet – auch hier führten familiäre Angelegenheiten dazu, dass sein Glanz verblich. Sogar der allseits beliebte Jürgen Klinsmann ist konservativen Geistern ein Dorn im Auge – denkt er doch gar nicht daran, als deutscher Nationaltrainer seine amerikanische Wahlheimat aufzugeben.

Und dann die Skandale! Man denke an Effenberg und sein Beziehungsquartett. Oder Familie Beckham, die immer wieder aufs Neue (und nicht zum Besten) von sich reden macht. Und dann die peinlichen literarischen Auftritte zahlreicher Spieler oder Spielerfrauen in Boulevardpresse oder gar Buchverlagen – sind das etwa gute Vorbilder? Wohl kaum. Trotzdem sollten wir eines nicht vergessen: All das, was wir in der bunt bebilderten Boulevardpresse finden, hat mit dem Fußball selbst meist nichts zu tun. Deshalb ist es nicht richtig, von einzelnen schillernden Persönlichkeiten negativ auf den Sport zu schließen. Schräge Vögel gibt es überall – in der Politik, der Kultur und allen anderen Bereichen des öffentlichen Lebens. Ob zum Beispiel im Vergleich zu renommierten Politikern Fußballer als mögliche Vorbilder tatsächlich schlechter abschneiden würden, wagen wir zu bezweifeln.

Auch all die partnerschaftlichen Probleme einzelner Fußballer, von den Medien genüsslich ausgeschlachtet, ergeben kein repräsentatives Bild. Geschrieben wird nur dann, wenn etwas passiert – und nur selten über ganz normale Beziehungen. Wer also davon ausgeht, dass Fußballer-Ehen schlechte Vorbilder für Beziehungen sind, da es hier permanent zu Trennungen, Skandalen und Affären kommt, sollte seine Haltung kritisch überdenken. *Die sind schuld!* An was?

Denken wir doch einfach mal an die Eigenschaften, die als Grundvoraussetzung für einen erfolgreichen Fußballer gelten: Teamfähigkeit, Überblick, Fairness, Zuverlässigkeit, Standhaftigkeit, Zähigkeit, Durchsetzungsvermögen, Freude am Spiel, Toleranz und Offenheit gegenüber anderen oder Anderssprachigen – und das sind nur einige. Für uns sind dies insgesamt die wunderbarsten Vor- beziehungsweise Leitbilder für eine harmonische Partnerschaft! Deshalb halten wir es für ziemlich kurzsichtig, sich beim Fußball immer nur auf die vermeintlich schlechten Typen zu konzentrieren.

Vorurteil Nr. 8: Fußball macht dumm

Total falsch! Auch wenn Sie jetzt Ihre innerste Überzeugung der vergangenen Jahre über Bord werfen müssen – tun Sie das. Sofort! Sonst brauchen Sie wirklich nicht mehr weiterzulesen. Denn Fußball macht ebenso wenig dumm, wie Golf klug oder Leichtathletik schön macht. Zugegeben, Statements wie »Der nächste Gegner ist immer der schwerste« (Sepp Herberger, Alt-Bundestrainer), »Der Ball ist rund« (dito) oder »Der Klinsmann und ich, wir sind ein gutes Trio… (kurze Pause)… äh, ich meinte Quartett« (Fritz Walter jun. 1988) lassen uns zunächst an der Zurechnungsfähigkeit der jeweiligen Verursacher zweifeln. Echte Fans (und das sind durchaus auch intellektuelle Geister!) lieben jedoch die philosophische Tiefe dieser Aussagen, die sich uns nicht auf Anhieb erschließt. Kleine Wissenslücken, die wir gern (und zu Unrecht!) mit Arroganz überspielen. Schützenhilfe erhalten wir dabei von unsäglichen Fußball-Schlagern oder Liedern, die von Fußballern selbst gesungen wurden, von Zahlen, die den starken Alkoholkonsum am Rande von Fußballspielen belegen, oder durch die primitiven Pöbeleien unbelehrbarer Fans.

Das Problem dabei ist: Wenn wir pauschal feststellen, dass Fußball dumm macht, schließen wir die Augen vor all den spannenden, aufregenden, bewegenden und wissenswerten Facetten des Sports, die uns bei genauerer Betrachtung in vielen Bereichen des Lebens weiterhelfen können. Nicht umsonst benutzen Unternehmensberater gern das Bild einer Fußballmannschaft, um an betrieblichen Prozessen zu arbeiten. Auch im täglichen Sprachgebrauch spielen wir uns »Bälle hin und her«, befördern uns manches Mal »ins Abseits« oder ärgern uns über »Eigentore«. So dumm kann das Spiel also gar nicht sein!

Vor allem dann nicht, wenn man es gezielt für die eigene Partnerschaft nutzt. Fußball ist eine schier unerschöpfliche Quelle für die aktive Beziehungspflege, ganz gleich, ob Ihr Liebster oder Sie selbst spielen oder nur engagiert vor dem Fernseher mitfiebern. Denn Fußball ist auch in der Partnerschaft weder ein Stolperstein für die Gleichberechtigung und ohne echte Leitbilder, noch macht er Sie oder Ihr Herzblatt dumm, ordinär, gewalttätig oder niveaulos. Sie können dies erkennen und nutzen, aber auf den Weg machen müssen Sie sich wohl allein. Die meisten Männer sind von Fußball derart paralysiert, dass sie für Nebenbeschäftigungen weder Zeit noch Energie aufbringen.

Nutzen Sie Ihre persönlichen Torchancen!

Entscheidend ist die richtige Taktik, um zum Ziel zu kommen – ein Thema, das auch Trainer seit jeher intensiv beschäftigt. Auf dem Spielfeld geht es darum, eine Mannschaft optimal aufzustellen, um dann auch starke Gegner zu besiegen. Manchmal sind dafür spontane Veränderungen erforderlich, etwa Auswechslungen. Im einen Spiel ist offensives Angreifen gefragt, im anderen eine defensive Strategie. Welche Taktik angewendet wird, entscheidet vor allem der Trainer.

Um in Ihrer Partnerschaft zu gewinnen und vielleicht

sogar einen echten Beziehungs-Kick zu erleben, sollten Sie für eine Weile wie ein Trainer denken und handeln (unauffällig im Hintergrund, versteht sich). Vielleicht ist es sinnvoll, nicht sofort mit der Auswechslung zu beginnen, sondern zunächst einmal zu prüfen, welche verborgenen Stärken Ihr bisheriger Stammspieler besitzt. Die einzige Voraussetzung, die Sie im Moment dazu brauchen, ist eine gute Taktik – und da gibt es zunächst nur eine, die in Frage kommt: die Manndeckung.

Manndeckung – für Frauen eine leichte Übung

Nein, Sie brauchen jetzt nicht zu grinsen. Der Begriff ist zwar witzig – vor allem, wenn es um partnerschaftliche Belange geht –, aber gängig und hat wirklich nichts mit Sex zu tun. Manndeckung bedeutet im Fußball nichts anderes, als dass jeder Abwehrspieler der einen Mannschaft für einen Angriffsspieler der gegnerischen Mannschaft verantwortlich ist, diesen Mann also »deckt«, im übertragenen Sinn freilich nur. Sich verantwortlich für einen Menschen zu fühlen bedeutet hier, ihn nicht aus den Augen zu lassen, ihn vielleicht sogar auf Schritt und Tritt zu verfolgen. Also all das, was wir im normalen Leben auf keinen Fall machen, wenn wir für jemanden verantwortlich sind. Aber im Fußball geht es nicht um die persönliche Entwicklung, sondern um den Ball. Die Manndeckung soll letztendlich verhindern, dass der Stürmer des gegnerischen Teams in gefährlichen Ballbesitz kommt. Klingt einfach, ist aber komplizierter, als Sie denken, denn Stürmer sind erfahrungsgemäß schnell mit den Beinen – Abwehrspieler (also die Spieler, die das eigene Tor verteidigen) nicht zwingend. Wer Pech hat, rennt sich 90 Minuten lang die Seele aus dem Leib und kassiert trotzdem Gegentore. Das Gemeine daran: Als »Manndecker« ist man automatisch dafür verantwortlich, wenn der zugeteilte gegnerische Angriffsspieler ein Tor erzielt. Und das kann ganz schön nervenaufreibend sein.

DAMIT KÖNNEN SIE GLÄNZEN!

Manndeckung hat in Deutschland übrigens Tradition und gilt als klassische Stärke deutscher Teams. Während der Weltmeisterschaft 1974, als Berti Vogts einfach keinen Zentimeter vom holländischen Stürmerstar Johan Cruyff wich, wurde deutsche Manndeckungsgeschichte geschrieben. Ebenso erfolgreich war selbige Deckung von Diego Maradona bei der WM 1990. Damals war es Thomas Berthold, der dieses Kunststück virtuos lieferte. In den letzten Jahren ist die Manndeckung ein wenig ins Gerede gekommen, da Experten die Gefahr sehen, dass dieses *besondere Sich-verantwortlich-fühlen* bereits jedes Spiel im Keim erstickt. Zu den wichtigsten Kritikern zählen der deutsche Bundesliga-Trainer Ralf Rangnick und Günter Netzer.

Die **Raumdeckung** ist etwas anderes als die Manndeckung. Sie wird besonders in Ländern wie Italien oder Holland kultiviert. In diesem Fall kümmert sich der Abwehrspieler der eigenen Mannschaft um einen festgelegten Raum im Spielfeld, was natürlich erheblich mehr Miteinander, Absprachen und Flexibilität eines Teams erfordert. Raumdeckung wird daher auch als anspruchsvoller empfunden. Welche nun tatsächlich die bessere Taktik ist, wird sich wohl nie eindeutig klären lassen. Klar ist aber, dass es oft einen extrem langweiligen Kick gibt, wenn zwei Mannschaften die gleiche Taktik wählen. Wenn Sie das erkennen, sollten Sie vielleicht doch lieber zu einem guten Buch greifen oder Ihren Liebsten für 90 Minuten ins Reich der Liebe verführen. Verschwendete Lebenszeit gibt es auch beim Sport!

Tipp: Wenn Sie nicht genau erkennen können, welche Taktik ein Team spielt, gibt es zwei Möglichkeiten, doch noch dahinter zu kommen: Entweder Sie nehmen sich einen der Abwehrspieler vor und beobachten über einen längeren Zeitraum, was er tut (ob er beispielsweise wie eine Klette am Gegner hängt), oder Sie lauschen aufmerksam dem Kommentator. Denn er wird es sich nicht nehmen lassen, an geeigneter Stelle mit seinem Wissen zu glänzen.

Wenn wir Sie nun dazu auffordern, auf dem Weg zur perfekten Fußballbraut ebenfalls in die Manndeckung einzusteigen, meinen wir damit natürlich nicht, dass Sie Ihrem Schatz auf die Pelle rücken sollen. Männer mögen das in der Regel nicht und Frauen auch nur eingeschränkt. Anschmusen, während ein Spiel läuft, ist nervtötend, anstrengend und *keine* kluge Taktik. Normalerweise sollten Hände und Arme während eines Spiels locker am Körper hängen, damit sie zu gegebener Zeit enthusiastisch oder enttäuscht in die Luft geworfen werden können. Das geht nicht, wenn Sie mit Ihrem Partner wie ein Knäuel auf der Couch sitzen. Im Stadion geht es unserer Meinung nach gar nicht. Längeres Anschmusen ist dort ein Fauxpas. Wir möchten Sie vielmehr dazu anregen, zunächst wie ein Trainer von außen auf das Geschehen zu schauen und dabei behutsam zu taktieren, um sich dann für einzelne strategische Spielzüge zu entscheiden. Sie müssen überlegen, wann eine intensivere Manndeckung erwünscht oder erforderlich ist und mit welcher Penetranz Sie diese Taktik verfolgen wollen. Es gibt aber noch andere, bessere Möglichkeiten, damit Ihr Partner Sie bemerkt. Sie werden sehen!

Unauffälligkeit – oberstes Gebot der Manndeckung

Zugegeben, wenn Sie mit Ihrem frischen Wissen zum Thema Manndeckung ein durchschnittliches deutsches Bundesligaspiel verfolgen, werden Sie sich vermutlich fragen, worin die Unauffälligkeit der Taktik eigentlich besteht. Zu Recht – ist diese Form der Abwehr doch oft ein langweiliges Aneinanderkleben gelangweilter Großverdiener. Von daher kann man Kritikern durchaus Recht geben. Wenn Sie Glück haben, erwischen Sie jedoch eines jener Spiele, in denen der Abwehrspieler immer wieder völlig überraschend Torchancen des gegnerischen Stürmers vereitelt, also stets zum rechten Zeitpunkt am rechten Ort ist. Aus diesem Grund ist es auch gefährlich, zu früh aufzugeben und lustvoll nach einem Buch oder dem Mann an

Ihrer Seite zu greifen. Bei einem Fußballspiel weiß man eben nie, was kommt. Und so kann die Manndeckung funktionieren, obwohl anfänglich niemand daran geglaubt hat, weil die gegnerische Mannschaft so sprintstark ist. Dies glückt natürlich nur, wenn besagter Abwehrspieler in vielen Situationen im Voraus weiß oder vermutet, was sein Gegner vorhat. Und wie geht das? Ganz einfach: durch Beobachtung! Profi-Fußballer schauen sich immer wieder Spiele oder Spielzüge ihrer Gegner an, studieren sie, interpretieren sie und leiten ihre eigene Taktik davon ab. Nichts anderes sollten Sie nun tun!

Beobachten Sie Ihren Liebsten vor, während und unmittelbar nach einem Fußballspiel!

Manndeckung des eigenen Partners! Ganz schön spannend, wenn Sie seine Fußballleidenschaft genauer unter die Lupe nehmen wollen. Dabei spielt es übrigens keine Rolle, ob er allein vor dem Fernseher ist, gemeinsam mit Freunden schaut, in der (Sport-)Kneipe um die Ecke sitzt oder sogar ins Stadion pilgert. Wichtig ist allein, dass Sie unauffällig im Hintergrund bleiben und sich im Idealfall sogar Notizen machen. Wie Sie das schaffen, bleibt Ihrer eigenen Fantasie überlassen. Ein Großteil der Fußballjünger verbringt die meiste Zeit jedoch vor dem Fernseher, so dass zumindest der logistische Aufwand nicht zu hoch sein dürfte.

Beginnen Sie mit seinem Verhalten vor dem eigentlichen Anpfiff: Ist er nervös, vielleicht schlecht ansprechbar oder übellaunig? Das kann sich schon am Morgen eines wichtigen Spiels zeigen. Möglicherweise spricht er schon beim Frühstück besorgt von dem Kick am Abend. Oder ist ihm die Vorfreude anzusehen? Bereitet er sich in irgendeiner Weise auf den Fußballnachmittag oder -abend vor, indem er beispielsweise bestimmte Getränke oder Speisen organisiert, seinen »Zuschauerplatz« einrichtet oder allgemein und lautstark verkündet, dass er nicht mehr gestört werden möchte?

Die entscheidende Frage lautet: Wie stark werden Sie in das Geschehen eingebunden? Wird von Ihnen, womöglich unausgesprochen, erwartet, dass Sie für das leibliche Wohl sorgen? Sollen Sie Essen und Getränke organisieren und später unauffällig servieren? Wichtige Details, gegen die Sie sich, falls sie Ihnen gegen den Strich gehen, so früh wie möglich stemmen sollten. Je ernster Sie das Ganze nehmen, desto schneller wird Ihre Galle überlaufen. Betrachten Sie den Spielabend jedoch wie einen Kindergeburtstag, kommt schnell Freude auf, denn Sie können die *Kleinen* überraschen und bekommen gleichzeitig Informationen über die körperliche, geistige und seelische Befindlichkeit des Teams in Ihrer Wohnung.

Beginnt das eigentliche Spiel, stehen zwei Bereiche im Fokus Ihrer Aufmerksamkeit: seine verbalen Äußerungen und seine Körpersprache. Sammeln Sie alles, was er so von sich gibt – egal, wie unsinnig, vulgär, arrogant oder einfach falsch und peinlich es Ihnen erscheint. Immerhin wäre es ja auch denkbar, dass er angesichts guter Spielzüge zu sprachlicher Hochform aufläuft, was dann endlich einmal dokumentiert wäre. Achten Sie auch auf Laute, die nicht zwingend zur sprachlichen Äußerung gehören, wie Grunzen, Stöhnen, Schreien, Rülpsen oder Schnalzen. Benimmt er sich anders als sonst?

Nun zur Körpersprache: Fangen Sie mit seiner Sitzhaltung an, und versuchen Sie zu entscheiden, wie ent- oder angespannt er ist. Was machen seine Schultern, wie hält er seinen Kopf? Konzentrieren Sie sich dann auf die Extremitäten: Scharrt er unruhig mit den Füßen, trampelt er sporadisch – oder liegen sie entspannt und in lässiger Hochlage? Fuchtelt er hektisch mit den Armen herum, ballt er seine Fäuste, schlägt er die Hände vors Gesicht, oder rauft er sich die Haare? Wichtig ist, dass Sie jede noch so kleine Geste entdecken und festhalten. Denn dieses Wissen können Sie später verwenden, wenn Sie Ihre adäquate Reaktion trainieren. Je besser beobachtet, desto passender Ihr Verhalten!

Ideal wäre es auch, wenn Sie sein Gesicht und seine Mimik sehen könnten – sofern diese intensive Beobachtung für Sie unauffällig machbar ist. Viele Männer schalten beim Fußball allerdings vollständig ab, so dass dies eine eher leichte Übung darstellen dürfte.

Nun zur Gesamtkörperbewegung: Wann verändert er seine Lage und wie? Springt er ab und zu auf, oder sackt er in sich zusammen? Wie jubelt er, wie reagiert sein Körper, wenn er sich ärgert? Lassen Sie sich nichts entgehen, und versuchen Sie, hin und wieder einen Blick auf den Fernseher zu werfen, um seine Reaktion mit dem Spielgeschehen in Verbindung bringen zu können.

Nach dem Spiel sind vor allem sein Umgang und seine Kommunikation mit seinen Mitmenschen (also vor allem mit Ihnen) interessant: Merkt man ihm sofort an, ob »seine« Mannschaft gewonnen oder verloren hat? Kann er schnell wieder auf Beziehung oder Familienleben umschalten? Oder beschäftigt ihn der Kick die nächste Stunde derart, dass er praktisch unansprechbar bleibt? Vielleicht sucht er ja das Gespräch »danach« – wer ist dann sein bevorzugter Gesprächspartner? Sicherlich fällt Ihnen selbst noch vieles ein, das in Ihrer persönlichen Situation eine Rolle spielt.

Viel geschrieben? Umso besser!

Halten Sie typische oder auffällige Handlungsmuster fest!

Wiederholen Sie Ihre Beobachtungen zunächst mehrmals, bis Sie eine lange Liste prall gefüllt mit Notizen über Ihren Stammspieler in der Hand halten. So können Sie einigermaßen ausschließen, dass Sie eventuelle Ausrutscher aufgrund schlechter Tagesform zur Regel erklären und damit ein falsches Bild heraufbeschwören.

Nun geht es an das Sortieren: Markieren Sie auffällige Wiederholungen, typische Verhaltensweisen in bestimmten Situationen oder auch echte Ausreißer, die scheinbar so gar nicht zu Ihrem Liebsten passen wollen. Gibt es vielleicht

Äußerungen von ihm, die stets ein bestimmtes Verhalten nach sich ziehen – oder umgekehrt? Wann genau stopft er sich unkontrolliert die Chips in den Mund, und wann greift er zu Glas oder Flasche? Gibt es Muster, nach denen er Sie ins Spiel bringt?

Versuchen Sie, die augenscheinlichsten Verhaltensmuster in so genannte »Wenn-dann-Sätze« zu bringen. Beispiele:

»Wenn ein Gegentor fällt, dann schmeißt er oft etwas um.«

»Wenn die Zeitlupe kommt, dann muss er immer einen Kommentar abgeben.«

»Wenn Halbzeitpause ist, dann will er mit mir reden.«

»Wenn die Manndeckung nicht gelingt, dann meint er, er könne das besser machen.«

»Geht das Spiel zu Ungunsten seiner Mannschaft aus, ist er für mindestens eine halbe Stunde nicht ansprechbar.«

Wunderbar! Sie sind jetzt im Besitz eines detaillierten Profils. Sie wissen, wann er sich wie ärgert oder freut, welche Bedürfnisse er in welchen Situationen hat und wann er am besten oder gar nicht ansprechbar ist. Wie ein Fußballtrainer können Sie nun daran gehen, diese Stärken und Schwächen gewinnbringend einzusetzen.

Zunächst sollten Sie sich ganz ehrlich fragen, wie Sie sein Verhalten empfinden. Gibt es Dinge, die Sie ernsthaft stören – oder vielleicht Gesten und Worte, die Ihnen besonders gut gefallen? Wie fühlen Sie sich beim Fußball in seiner Nähe? Nimmt er Sie wahr, unterhalt er sich mit Ihnen, oder ignoriert er Sie total? Ist Ihnen klar, was ihm gefällt und missfällt?

Überlegen Sie sich Strategien, mit denen Sie sich ins Spiel bringen oder ihn ausspielen können!

Nicht schlimm, wenn es Ihnen anfänglich an Antworten mangelt und Sie nicht so recht wissen, wie Sie Ihre systematischen Beobachtungen bewerten sollen. Das ging auch uns so. Am besten bleiben Sie dann bei sich und spüren nach, wo Sie sich im Zusammenhang mit heimischem Fußball stehen sehen.

Da gibt es einige Möglichkeiten!

- Haben Sie Lunte gerochen und Fußball für sich ganz neu entdeckt? Dann ist eine Offensiv-Strategie angesagt, um möglichst schnell und wirkungsvoll mitzukicken! Das bedeutet konkret, die wichtigsten Regeln gut zu kennen, den gängigen Verhaltenskodex zu berücksichtigen und natürlich schnellstmöglich praktische Erfahrungen zu sammeln. Dazu finden Sie in den nachfolgenden Kapiteln viele Anregungen und Tipps, die Sie schnell und gezielt nach vorne bringen.
- Interessieren Sie sich schon immer für Fußball – nur hat das bislang keiner wahrgenommen? Vielleicht sollten Sie es mit kleinen Kunststücken, wie dem perfekten Um-

gang mit der Abseitsregel, beeindruckenden Dribbling-Einlagen in Sachen Fußball-Philosophie (entsprechende Literaturempfehlungen finden Sie im Anhang!) oder fundierten Kommentaren versuchen, die Ihre Fachkenntnis unleugbar beweisen.

- Würden Sie gern die Fußball-Erlebnisse mit Ihrem Partner teilen – und wissen nur nicht, wie Sie das glaubwürdig vermitteln sollen? Da gibt es nur eins: Üben Sie gezielte Pässe, damit er Ihr Potenzial erkennt! Dies können von Ihnen initiierte gemeinsame Stadionbesuche sein oder Ihr verblüffendes Know-how über »seinen« Verein (besuchen Sie einfach die Vereins-Website, da steht alles Wichtige drin!).
- Möchten Sie, dass sich das Verhalten Ihres Partners beim Fußballschauen ändert, damit Sie sich ebenfalls wohl fühlen? Dann sind Doppelpässe angesagt, also gemeinsames Spiel: Sie geben so vor, dass er gar nicht anders kann, als zu Ihnen zurückzuschießen – und schon sind Sie wieder am Ball. Doppelpässe bedürfen allerdings der regelmäßigen Übung. Hier bietet sich der »perfekte Fußballabend» als Trainingseinheit an, dem wir ab Seite 164 ein ganzes Kapitel gewidmet haben.
- Ärgert es Sie vielleicht, dass Ihr Partner Fußball zur reinen Männersache deklariert hat und Sie systematisch ausschließt? Zwei Wege stehen Ihnen dann offen: Entweder Sie überzeugen ihn mit unschlagbarer Fachkompetenz in Sachen Fußball und dem Ganzen drumherum – oder Sie suchen sich eine neue Trainerstelle.
- Gehören Sie vielleicht zu jenen Frauen, die eigentlich ganz gut mit dem Fußballzirkus in den eigenen vier Wän-

den klarkommen, aber gern in der Lage wären, Stress-Situationen kurzfristig zu entspannen? Dann sollten Sie sich vor allem auf die Randerscheinungen wie Ambiente, eigenes Verhalten und Rahmenprogramm konzentrieren.

- Wenn Sie allerdings für sich entschieden haben, dass Sie keinerlei Ambitionen verspüren, sich in Zukunft Ihrem lauten, pöbelnden und schimpfenden Stammspieler beim Fußball zu nähern, ist eine Defensiv-Strategie die beste Lösung. Unauffällig bleiben Sie im Hintergrund, lediglich darum bemüht, kein Gegentor zu kassieren. Geht auch, warum nicht?

Wie auch immer Sie sich entscheiden (und wir haben Ihnen nur einen Bruchteil der möglichen Strategien vorgestellt!), wichtig ist immer, dass Sie am Ball bleiben. Wenn Sie jetzt schon wissen, in welche Richtung Ihre persönliche Strategie führen muss, um in der Partnerschaft zu gewinnen – herzlichen Glückwunsch! Wenn nicht, gilt es den persönlichen Trainingsplan zu erstellen, der je nach individuellem Bedarf taktische oder technische Schwerpunkte setzt. Mit unseren Tipps am Ende eines jeden Kapitels führen wir Sie hier sicher durch die Fallstricke von Technik und Taktik und schärfen Ihren Blick für Ihr eigenes Potenzial und Ihren tatsächlichen Bedarf.

Um dabei allerdings richtig ernst genommen zu werden, benötigen Sie zunächst eine solide Basis in Sachen Spielgeschehen und Hintergrundwissen. Wir haben deshalb im nächsten Kapitel die wichtigsten Fußballregeln und Funktionen zusammengestellt – und liefern Ihnen gleichzeitig Hintergrundwissen und Insider-Infos, damit Sie mit passenden Bemerkungen parieren, verblüffen und glänzen können. Wer weiß, vielleicht wird auch Ihr Liebster dann schon bald wie Horst Hrubesch einst reagieren und erfreut erklären: »Ich sage nur ein Wort: Vielen Dank!«

Von Abseits bis Zeitlupe – die wichtigsten Regeln, Missverständnisse und Kommentare

Das Spiel

> *»Fußball ist wie eine Frikadelle,*
> *man weiß nie, was drin ist.«*

Nein, wir unterstellen dem Nürnberger Bundesliga-Kicker Martin Driller nicht, dass diese Äußerung durch und durch ernst gemeint war. Fußball kann zwar, wie eine Frikadelle mit Brötchen, eine ziemlich laue oder scharfe Sache sein, aber vom Prinzip her ist er leicht und ziemlich transparent. Eben das, was Frikadellen nicht immer sind. Wie Fußball »geht«, ist leicht erlernbar, und will man kicken, so sind fast immer ein Stück Rasen und zwei Eimer zu finden, die das Tor markieren. Wirklich gute Frikadellen brauchen hingegen ein verlässliches Rezept, am besten das aus der eigenen Familie.

Kicken ist ein Jedermann-Spiel, praktisch überall zu improvisieren – und vor allem klar geregelt. Zwar wird dennoch ständig geschrien und gestritten, aber das gehört zum Ablauf dazu und hat nichts mit Unklarheiten bezüglich der Regeln zu tun. Doch fangen wir von vorne an:

Fußball wird mit zwei gegnerischen Mannschaften, einem Ball und zwei Toren auf einem Rasenplatz von etwa 100 bis 110 mal 64 bis 75 Meter gespielt. Die Tore sind recht groß: jeweils 7,32 mal 2,44 Meter – auch wenn sich das offenbar ändern kann, so Nationaltorwart Oliver Kahn: »Ich glaube, 7,35 auf zweinochirgendwas. Richtig? Es kommt auch immer auf meine Verfassung an. Manchmal ist es größer und manchmal kleiner.« Interessant.

Die reguläre Spielzeit beträgt zweimal 45 Minuten. Jede Mannschaft stellt elf Spieler inklusive Torwart und bemüht sich darum, den Ball möglichst oft in das gegnerische Tor zu schießen. Oder, wie es der Trainer Helmut Schulte mal ganz knackig formulierte: »Ball rund muss in Tor eckig.« Kapiert? Super, dann haben Sie das Wichtigste schon begriffen. Jetzt kommt noch hinzu: Die Mannschaft, die am Ende der Spielzeit die meisten Tore geschossen hat, ist Sieger.

Wo das Spielfeld aufhört beziehungsweise beginnt, ist mit weißen (oder bei Schnee mit farbigen) Linien genau markiert. Die Mittellinie mit dem Anstoßpunkt (das ist die lange in der Mitte) teilt das Spielfeld in zwei gleich große Felder. Jeder Mannschaft gehört eine Seite, nach der Halbzeit wird getauscht. Der Kreis um den Anstoßpunkt herum ist der so genannte Mittelkreis, in dem sich bei Anstoß zu Spielbeginn oder nach einem Tor keine Spieler der gegnerischen Mannschaft aufhalten dürfen. An den Längsseiten wird das Spielfeld durch die Seitenlinien, an den Schmalseiten durch die Torauslinien begrenzt. Die vier Spielfeldecken sind zudem durch einen kleinen Viertelkreis besonders markiert. Vor den beiden Toren befinden sich jeweils ebenfalls durch Linien gekennzeichnete rechteckige Spielfelder: der so genannte Torraum, in dem der Torwart nie angegriffen werden darf (man darf ihm also auch beim größten Wutausbruch nicht zu nah auf die Pelle rücken) und, deutlich größer, der Strafraum (ebenfalls ein Rechteck). Im Strafraum gelten gesonderte Spielregeln im Umgang mit dem Gegner. Dort befindet sich auch der Elfmeterpunkt. Den kennen Sie! Das ist der, auf dem der Ball kurz vor einem Strafstoß liegt. Gespielt wird nach festen Vorgaben, die im Regelwerk des DFB (Deutscher Fußballbund) aufgelistet sind. Eine Sammlung, die es ganz schön in sich hat!

»Im Endeffekt sind Regeln dazu da, gebrochen zu werden.« Roy Präger

Und deswegen stimmt unsere Aussage dann doch wieder nicht so ganz, wenn wir behaupten, dass Fußball supereinfach sei. Das Kicken schon – die Regeln nicht! Der ehemalige Wolfsburger Profi-Fußballer Präger bringt mit seiner Aussage ziemlich genau auf den Punkt, warum Fußball letztendlich doch kein ganz normales Spiel ist. Deshalb wurde die Funktion des Schiedsrichters erfunden. Der Mann, der dazwischen geht, wenn zwei Spieler sich raufen, und der sich mittels einer Trillerpfeife artikuliert (und zwei kleinen bunten Kärtchen). Der Schiri leitet das Spiel. Ihm zur Seite stehen zwei Linienrichter (in den höheren Spielklassen heißen sie Schiedsrichterassistenten und sind selbst ausgebildete Fußballschiedsrichter) an den beiden Längsseiten des Fußballfeldes. Der Schiedsrichter bestimmt, wann ein Spiel beginnt, wann es endet und ob die Regeln eingehalten werden. Ist das seiner Meinung nach nicht der Fall, pfeift er ab und bestimmt das jeweilige Strafmaß. Das können Verwarnungen (gelbe Karte) oder Platzverweise (rote Karte) und natürlich Freistöße, Eckstöße, Einwürfe oder Elfmeter für die andere Mannschaft sein. Sehr oft sind Spieler, Zuschauer, Trainer und Kommentatoren anderer Meinung. Es wird diskutiert, und wenn es ganz böse kommt, dann wirft man dem Schiedsrichter vor, er sei bestechlich. Genau das darf er aber nicht sein, denn die wichtigste Anforderung an einen Schiedsrichter lautet, unparteiisch zu sein. Jüngst gab es jedoch Vorfälle, die aufzeigten, dass es auch parteiische Schiedsrichter gibt. Dabei sah der eine so nett aus. Man traute ihm irgendwie gar nicht zu, ein solcher Fiesling zu sein.

Um Schiedsrichter ranken sich viele Skandale: Gekaufte Spiele, verbotene Absprachen und bestechliche Schiedsrichter beschäftigen den Fußball seit jeher, Tendenz steigend. Denn Fußball bindet extrem viel Kapital, ist ein Wirtschaftsfaktor geworden – und Sieg oder Niederlage entscheidet somit manches Mal über Existenzen. Dabei ist nicht einmal die Frage, wann eine Mannschaft als Sieger aus dem Spiel hervorgeht, immer eindeutig zu klären. Zwar scheint es spielmachende Grundvoraussetzungen zu geben, wie der ehemalige holländische Weltklassespieler Johan Cruyff haarscharf erkannt hat (»Ein Spiel zu gewinnen ist leichter, wenn man gut spielt, als wenn man schlecht spielt.«), doch ist das wirklich immer so? Otto Rehhagel sieht das beispielsweise etwas anders: »Mal verliert man und mal gewinnen die anderen.« Ach so. Wie gut, dass es erfahrene Ex-Spieler, Sportchefs, Funktionäre und Kommentatoren à la Franz Beckenbauer (»Ja gut, es gibt nur eine Möglichkeit: Sieg, Unentschieden oder Niederlage«) oder Günter Netzer (»Die meisten Spiele, die 1:0 ausgingen, wurden gewonnen«) gibt, die hier Licht ins Dunkel bringen – oder, wie der österreichische Spieler Hans Krankl klar machte: »Wir müssen gewinnen, alles andere ist primär.« Einig sind sich wenigstens alle in einem Detail: »Der springende Punkt ist der Ball« (Trainer Dettmar Cramer).

DAMIT KÖNNEN SIE GLÄNZEN!

Ein nicht zu Ende gespieltes Fußballmatch sorgte dafür, dass es 1922 keinen Deutschen Meister, also keinen wirklichen Sieger gab. Ein echtes Kuriosum: Nach zahlreichen Verletzungen aufgrund grober Fouls musste die Partie zwischen dem Hamburger SV und dem 1. FC Nürnberg nach Verlängerung beim Stand von 1:1 zum zweiten Mal abgebrochen werden. Die Nürnberger standen plötzlich nur noch regelwidrig mit sieben Spielern auf dem Platz. (Die erste Partie hatte man aufgrund zu hoher Temperaturen nach knapp drei Stunden und einem Spielstand von 2:2 gestoppt.) Der HSV unterstellte den Nürnbergern allerdings, dass deren Spieler Luitpold Popp sein zum Spielabbruch führendes Unwohlsein nur vorgetäuscht hätte. Im Nachhinein wurde dem HSV der Meistertitel zugesprochen. Selbstverständlich nahmen das die Nürnberger nicht hin. Sie reagierten mit Einspruch – und zwar postwendend. Was dann folgte, war eine Rangelei, wie wir sie aus dem Kinderzimmer kennen. »Das ist meins!« – »Nein meins!« – »Muuuuttttiiii!« Ein monatelanges Gerangel diverser Ausschüsse und Juristen folgte – mit dem Ergebnis, dass bis heute (!) kein Meistertitel vergeben wurde, da Hamburg irgendwann entnervt verzichtete.

SO PUNKTEN SIE BEI IHREM LIEBSTEN!

- Lesen Sie *Ballfieber. Die Geschichte eines Fans* von Nick Hornby. Es ist eines der besten Fußballbücher, das je geschrieben wurde, und vermittelt ein wunderbar komisches und umfassendes Bild über die Gedanken eines echten Fans. Es öffnet auch in der Partnerschaft Horizonte.
- Ach ja: Und wenn Ihr Partner das Buch auch nicht kennt – unbedingt verschenken!

Die Spieldauer

»Das Spiel dauert 90 Minuten.« Sepp Herberger

Genau. Und rechnet man noch die Pause hinzu, verbringt Ihr Liebster bei einem normalen Länderspiel ziemlich genau 1 Stunde und 45 Minuten vor dem Fernseher. Vorausgesetzt, es gibt keine Nachspielzeit, keine Verlängerung, kein Elfmeterschießen oder sonstige Vorfälle, die das Spielgeschehen irgendwie unterbrechen und aufhalten. Das schon mal für Ihre Zeitplanung.

Die Länge der so genannten Nachspielzeit legt der Schiedsrichter nach eigenem Ermessen fest. Nachgespielt wird immer dann, wenn viele Fouls ein Spiel überdurchschnittlich oft unterbrochen haben, Fans störend randalierten oder einzelne Spieler bewusst im Spiel trödelten, um Zeit zu schinden. Fällt in der Nachspielzeit ein Tor, ist der Ärger programmiert: Die einen freuen sich, dass ihnen doch noch späte Gerechtigkeit widerfährt, die anderen fühlen sich übervorteilt – die reguläre Spielzeit war ja vorbei! Es fallen Tränen der Freude und der Enttäuschung. (Denken Sie einfach noch mal an ein Kinderzimmer!)

Manche Spiele müssen eindeutig gewonnen werden. Europa- und Weltmeisterschaften oder Pokalwettbewerbe gehören dazu. Unentschieden gibt es dann nicht. Deswegen werden bei diesen Spielen nach der regulären Spielzeit zwei 15-Minuten-Einheiten, mit einer kleinen Halbzeitpause, angehängt. Meist unter großer Anspannung aller Beteiligten.

Fußballer, Trainer, Funktionäre und die Anhänger zweier Mannschaften fiebern um den Sieg.

Bleibt eine Verlängerung torlos, kommt es zum Elfmeterschießen, was für viele Fans nichts mehr mit »richtigem« Fußball zu tun hat. Denn nun treten die Spieler beider Mannschaften im Wechsel einzeln an und führen vom Elfmeterpunkt gezielt Ballschüsse auf das jeweils gegnerische Tor aus. Jede Mannschaft hat zunächst fünf Schüsse frei; bleibt es danach bei einem Unentschieden, ist der erste gehaltene beziehungsweise verschossene Elfmeter entscheidend. Also unbedingt genau mitzählen!

Fazit: Ein Spiel dauert theoretisch tatsächlich 90 Minuten, aber wer spielt schon theoretisch…

»Wir müssen von der ersten Sekunde an voll wach sein und das dann bis zur neunzigsten durchhalten.«

Kaum zu glauben, aber wahr: Nicht einmal Top-Spieler wie Giovane Elber scheinen über die korrekte Dauer eines Spieles richtig informiert zu sein. Wie soll dann erst der Zuschauer und Fan wissen, was richtig oder falsch ist? Schon einige O-Töne zeigen hier, wie facettenreich die Ansichten in Sachen Spieldauer sind: Während sich Fußballtrainer Heinz Lucas zwar durchaus linientreu zeigt (»Ich persönlich teile ein Fußballspiel in zwei Hälften ein: Die eine ist die erste Halbzeit, die andere die zweite«) und der legendäre Uwe Seeler als Kommentator einmal feststellte: »Erst wenn der Schiedsrichter abpfeift, ist das Spiel zu Ende oder gewonnen!«, sieht der italienische Trainer Giovanni Trapattoni dies deutlich differenzierter (»Fußball ist Ding,

Dang, Dong. Es gibt nicht nur Ding«). Alles klar? Immerhin ist Sportkommentator Marcel Reif kaum zu widersprechen, wenn er souverän feststellt: »Je länger das Spiel dauert, desto weniger Zeit bleibt.« Das dürften auch Schiedsrichter und Zuschauer so sehen.

Dennoch: Wird das Toben verschiedener Fußballfans über die zu lang bemessene Nachspielzeit (und das darin kassierte Gegentor) jetzt nicht ein wenig verständlicher? Haben Sie einmal über Siege oder Niederlagen dieser Art nachgedacht, dann können Sie nachvollziehen, wieso ein torloses und schlechtes Spiel, das mit einem gegnerischen Tor in der Verlängerung endet, die Stimmung auf den absoluten Nullpunkt bringt. Da helfen auch keine nachträglichen Entschuldigungen wie »Wir sind nicht ins Spiel reingekommen, durchschnittlich dringeblieben und schlecht hinten rausgekommen« (Richard Golz, SC Freiburg). Die Enttäuschung sitzt tief.

Dabei besteht streng genommen in jeder Verlängerung oder beim Elfmeterschießen Chancengleichheit, da jetzt die Karten noch einmal neu gemischt werden. Oder etwa nicht? »Unsere Chancen stehen 70:50« (Ex-Schalker Thorsten Legat) – O. k., lassen wir das. Am besten, Sie drücken Ihrer oder der favorisierten Mannschaft Ihres Partners ganz fest die Daumen, vielleicht hilft es den Spielern. Es sei denn, es stehen Spieler wie Lothar Matthäus auf dem Platz, die einen Sieg von vornherein unmöglich machen – und das auch vollmundig der Presse verkünden: »Es ist wichtig, dass man neunzig Minuten mit voller Konzentration an das nächste Spiel denkt.«

DAMIT KÖNNEN SIE GLÄNZEN!

Elfmeterschießen als letzte spielentscheidende Maßnahme gehört zu den jüngeren Regeln des Fußballs – es wurde nämlich erst 1970 eingeführt, um extrem ausgeglichene und nicht enden wollende Partien zu einem Ergebnis zu bringen. Die Deutschen sind seither besonders erfolgreich im Nervenkrieg von Mann zu (Tor-)Mann: In der Zeit zwischen 1976 und der Jahrtausendwende hat das Nationalteam alle Elfmeterschießen siegreich beenden können: gegen Frankreich bei der Weltmeisterschaft 1982, gegen Mexiko bei der WM 1986, gegen England bei der WM 1990 und dann noch einmal gegen die Briten bei der sechs Jahre später stattfindenden Europameisterschaft.

Das längste Elfmeterschießen aller Zeiten fand am 23. Januar 2005 beim namibischen Pokal statt. Die Partie KK Palace gegen Civics endete nach 48 (!) Elfmetern mit dem Stand von 17:16. In Deutschland bekannt wurde das Endspiel der Afrikameisterschaft 1992 zwischen den Teams der Elfenbeinküste und Ghana: Es war nämlich der auch in Deutschland kickende Spieler Anthony Baffoe, der damals für Ghana seinen zweiten Elfmeter verschoss und der Elfenbeinküste so zu einem 11:10-Endstand verhalf.

Baffoe zeichnete sich in seiner Zeit als Bundesligaspieler übrigens durch einen ganz eigenen Humor aus, indem er nach einer gelben Karte einmal zum Schiedsrichter sagte: »Mann, wir Schwatten müssen doch zusammenhalten!«, oder einem weißen Gegenspieler anbot: »Du kannst auf meiner Plantage arbeiten.«

SO PUNKTEN SIE BEI IHREM LIEBSTEN

- Ganz gleich, ob eine Nachspielzeit gerechtfertigt oder ungerechtfertigt erscheint – gewinnt die Mannschaft seiner Wahl durch ein Tor in diesen Minuten, war es die richtige Schiedsrichterentscheidung, verliert sie jedoch, war es Betrug. Das sollten Sie wissen – und nie in Frage stellen! Denn wer kann schon nachprüfen, ob ein Schiedsrichter tatsächlich über den gesamten Spielverlauf die korrekte Minutenzahl für die Nachspielzeit zusammengetragen hat? Wozu auch, das Spiel ist vorbei. Stimmen Sie Ihrem Partner also ruhig zu, bedauern Sie ihn, oder freuen Sie sich gemeinsam, dann wird Ihre private Nachspielzeit garantiert ausgeglichen bleiben.
- Bei Verlängerungen sollten Sie zwei Möglichkeiten in Betracht ziehen: Entweder war es bislang ein gutes Spiel, so dass die Verlängerung eine unerwartete Zugabe mit Sahnehäubchen für ihn ist. Dann sollten

Sie mithalten, Ihren heimlichen Schokoladenvorrat als Nervennahrung opfern – und sich auf das dramatische Rumagieren ziemlich erschöpfter Spieler freuen. Alles ist möglich! Es werden hektische Fehler gemacht, und es wird gekämpft, mit vollem Körpereinsatz, versteht sich.

War es jedoch ein schlechtes, möglicherweise sogar komplett torloses Spiel, steigert sich das Elend durch die Verlängerung in Richtung unerträglich. Am besten sorgen Sie – falls das überhaupt geht – jetzt für irgendeine erfreuliche Ablenkung. Kulinarische Angebote wären eine Möglichkeit. Werden sie abgewiesen, hilft nur ein Weg: mitleiden, so lange es erträglich ist.

- Elfmeterschießen bedeutet immer Krise – und zwar physischer als auch psychischer Art. Wichtig ist hier unbedingtes Stillhalten und Atemlosigkeit vor jedem Schuss – Sie könnten sonst als Schuldige für Fehlschüsse oder erhaltene Gegentore verantwortlich gemacht werden. Ein echter Fauxpas: Prognosen abgeben! Denn das hebt die Anspannung zu sehr und schürt dadurch die Aggressionen. Es sei denn, Sie machen daraus ein partnerschaftliches Wettspiel – aber das ist dann schon die hohe Schule erfahrener Fußballbräute.

Die Mannschaft

»Wir spielen am besten, wenn der Gegner nicht da ist.«
Otto Rehhagel

Eine Fußballmannschaft besteht aus elf Spielern auf dem Platz sowie den Reserve- beziehungsweise Auswechselspielern. Im Laufe eines Spieles dürfen diese eingewechselt werden, jedoch höchstens drei Mann pro Spiel. Eine Mannschaft wird in der Regel von einem oder mehreren Trainern geführt und trainiert. Der Trainer muss während des Spieles jedoch auf der »Bank« am Spielfeldrand sitzen und kann sich nicht auf dem Feld selbst, sondern allenfalls verbal vom Rand aus einbringen. Deshalb wird in der Mannschaft zusätzlich ein so genannter Mannschaftskapitän bestimmt. Üblicherweise übernimmt diese Teamaufgabe einer der älteren und erfahrenen Spieler. Der Mannschaftskapitän ist auch der Einzige, der während eines Spieles mit dem Schiedsrichter über eine Entscheidung verhandeln darf – allerdings nur in Maßen. Das bedeutet: Eigentlich ist es nicht erwünscht. Und ob es was bringt, kann man auch nicht richtig sagen.

Der Trainer entscheidet oft mit den Spielern, wer während eines Spiels auf welcher Position spielt. Da die Spieler optimal nach ihren Fähigkeiten eingesetzt werden, sind das sehr oft Stammpositionen. Der Tormann zum Beispiel tritt nur selten als Feldspieler ins Rampenlicht.

Eine Mannschaftsaufstellung nach dem Lehrbuch sieht etwa so aus:

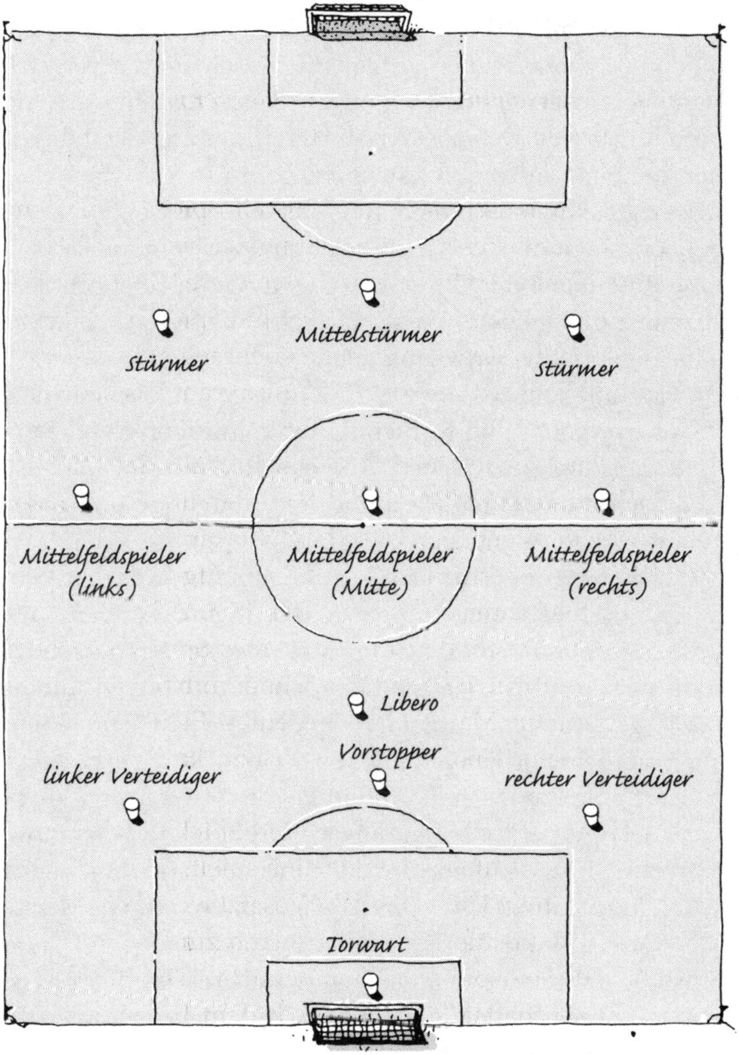
Mittelstürmer
Stürmer
Stürmer
Mittelfeldspieler (links)
Mittelfeldspieler (Mitte)
Mittelfeldspieler (rechts)
Libero
Vorstopper
linker Verteidiger
rechter Verteidiger
Torwart

Vor dem Torwart im Torraum spielen der linke und rechte Verteidiger, in etwa auf äußerer Strafraumhöhe. Zwischen ihnen und etwas weiter zum gegnerischen Tor hin versetzt steht der so genannte Vorstopper, eigentlich ein weiterer Verteidiger des eigenen Tores. Hinzu kommt der Libero, der keine feste Position hat, sondern immer da sein sollte, wo es nötig ist. Was er nicht immer sieht – im Gegensatz zu den Zuschauern. Alle vier Spieler sind Abwehrspieler, der Libero ist dabei der Chef. Er sollte auch die Übersicht besitzen, durch gezielte Pässe zu eigenen Spielern Angriffe aufs gegnerische Tor einzuleiten.

Das Mittelfeld besteht aus drei Spielern, die jeweils den linken, mittleren und rechten Raum kontrollieren. Als Verbindungsglieder zwischen Abwehr und Sturm sind sie technisch oft sehr gefordert und hervorragende und passgenaue Schusstalente.

Ähnlich ist der Sturm (oder auch Angriff) aufgebaut. Er muss vor allem eines: Tore schießen! Insbesondere der Mittelstürmer an vorderster Front ist hier gefragt und sollte sooft wie möglich angespielt werden. Sturmspitzen sind in der Regel besonders laufstarke Spieler, die den Mut haben, auch aus schwierigen Situationen auf das Tor zu schießen.

Trifft eine Mannschaft auf ein gegnerisches Team, kümmern sich je nach der vereinbarten Spieltaktik bestimmte Abwehrspieler der einen um den Sturm der anderen Mannschaft und umgekehrt. Die Abwehrspieler beider Mannschaften versuchen zu verhindern, dass die gegnerischen Stürmer ihr Können unter Beweis stellen. Das Team, das sich dabei geschickter, flexibler und spielfreudiger anstellt, ist am Ende meist siegreich.

Ansonsten ist eine Mannschaft immer dann besonders erfolgreich, wenn das Team Mannschaftsgeist besitzt. Im Klartext heißt das: Individualität ist O.k., solange es der Mannschaft zugute kommt, ansonsten bitte alle an einem Strang ziehen und *miteinander* spielen. Das ist wie beim gemeinsamen Wochenendeinkauf. Wenn Sie da nicht als Team denken, haben Sie nur Wein, Käse und Weißbrot im Wagen, aber das Klopapier und die Zahncreme fehlen dummerweise. Ein Team zu sein heißt, an alles zu denken. Im Supermarkt und auf dem Spielfeld. Und auf Letzterem geht es um die Wurst, es soll also kein Käse gespielt werden. Und so bringt es auch nichts, wenn jeder Spieler für sich versucht, Tore zu schießen, ohne das gesamte Spiel im Auge zu behalten. Das ist nicht immer einfach. Eitelkeiten, ein Hang zur Exzentrik und der Wunsch, am Sieg deutlich beteiligt zu sein, können den Teamgeist einer Mannschaft schnell ins Wanken bringen. »Torjägerlisten« und andere Statistiken betrachten zudem nur den erfolgreichen Abschluss und nicht das Hintergrundspiel, die Ausdauer, Wachheit und ein zuverlässiges Rasenrennen. Dennoch: Mannschaftsgeist wird in allen Spielklassen beschworen – und nicht erst seit dem erfolgreichen Jugendbuch-Klassiker *Elf Freunde müsst ihr sein* von Sammy Drechsel (1955).

Und damit sind wir auch schon beim eigentlichen Problem.

»Wir sind eine gut intrigierte Truppe.«

Ja, ja, der Lothar Matthäus. Da hat er mit einem seiner allseits beliebten Statements wieder einmal ausgesprochen, was viele heimlich denken: dass nämlich Mannschaften oft alles andere als vom Mannschaftsgeist beseelt sind – zumindest im nüchternen Zustand. Jeder will der Beste sein, sich meistbietend verkaufen und im nationalen und internationalen Wettkampfgeschehen ordentlich verdienen. Und das Ganze dann möglichst ohne zu viel Aufwand, siehe Profi-Kicker Mehmet Scholl: »Kameradschaft ist, wenn der Kamerad schafft.« Neid und Missgunst regieren das Geschäft, oft mühevoll von Machtwort sprechenden Trainer oder Vereinspräsidenten unterdrückt. Vorbilder für engagiertes Teamverhalten werden gesucht.

Hinzu kommt, dass in unserer heutigen Zeit Spieler und Trainer ihre Vereine und Nationalitäten wechseln wie die Unterhosen. Die Identifikation der Spieler hinsichtlich ihres Heimatvereins bleibt unteren Spielklassen vorbehalten. Dort, wo es noch um Mannschaftsgeist, Ehre und Sieg geht und nicht um ein paar Nullen mehr … auf dem Konto. Umso erstaunlicher, dass die Fans trotz ständig wechselnder Köpfe ihren Mannschaften treu bleiben.

Es gibt jedoch auch Ausnahmemannschaften, die es schaffen, mit neuen Mannschaftsaufstellungen an alte Höchstleistungen anzuknüpfen. Ob dies an Spielerpersönlichkeiten wie Miroslav Stevic (»Ich bin vollblutiger Profi«) und Andreas »Andy« Brehme (»Von der Einstellung her stimmt die Einstellung«) lag und liegt oder an allgemeinen personellen Voraussetzungen (»Mir ham a gut genugene Mannschaft«, Dietmar Hamann, heute Spieler beim FC Liverpool), lässt sich nicht eindeutig klären, denn »grau is alle Theorie, maßgebend is auffen Platz« (Adi Preissler, legendärer Dortmunder Spieler, am 17. Juli 2003 gestorben).

Wichtig scheinen jedoch in jedem Fall die Führungsqualitäten des jeweiligen Trainers zu sein. Immerhin ist der Trainer der Bestimmer. Er entscheidet, wer wann spielt und wer nicht, wer gut war und wer vielleicht härter trainieren muss. Und das ist sicherlich nicht immer ganz einfach, wie Erich Ribbeck einmal eindrucksvoll darstellte: »Ich kann mir als Verantwortlicher für die Mannschaft nicht erlauben, die Dinge subjektiv zu sehen. Grundsätzlich werde ich versuchen zu erkennen, ob die subjektiv geäußerten Meinungen subjektiv sind oder objektiv sind. Wenn sie subjektiv sind, dann werde ich an meinen objektiven festhalten. Wenn sie objektiv sind, werde ich überlegen und vielleicht die objektiven subjektiv geäußerten Meinungen der Spieler mit in meine objektiven einfließen lassen.« Voilà.

DAMIT KÖNNEN SIE GLÄNZEN!

Sie gilt heute noch als *die* deutsche Nationalmannschaft: das Team, das 1972 zum ersten Mal in der Geschichte des deutschen Fußballs in England im Londoner Wembley-Stadion siegte und später dann überraschend Europameister wurde. Namen wie Sepp Maier (im Tor), Uli Hoeneß, Gerd Müller, Günter Netzer und Paul Breitner lesen sich neben »Kaiser« Franz Beckenbauer wie das »Who is who« des deutschen Fußballs. Unter der Leitung von Trainer Helmut Schön und mit einer völlig neuen Taktik (man spielte mit Beckenbauer *und* Netzer als Libero) kam ein aufregendes Spiel zustande, das mit einem 3:1 für Deutschland endete. Prägend wurde das Spiel jedoch vor allem durch einen Kommentar in der *FAZ*: »Und Netzer kam aus der Tiefe des Raumes«, schrieb der Journalist Karl-Heinz Bohrer. Ein Satz, der bis heute die (Fußball-) Literatur inspiriert und immer wieder gern zitiert wird.

SO PUNKTEN SIE BEI IHREM LIEBSTEN

- Akzeptieren Sie, dass er in jedem Fall der bessere Trainer wäre! Vermutlich hat er sogar Recht – zumindest für die Dauer des aktuellen Spiels. Denn im Gegensatz zum Trainer auf der Bank kann er dank Kameraperspektive, Zeitlupe und Zoom oft viel besser erkennen, was ein Spieler tut (oder auch nicht). Und natürlich gilt dies auch für das gegnerische Team: Durch die Fernsehsicht »von oben« erkennt er mit geübtem Blick schnell die tatsächliche Mannschaftsaufstellung und Taktik des Gegners und könnte vielleicht sogar ganz gut mit adäquaten Personalentscheidungen reagieren. Nein, Sie brauchen uns nicht darauf hinzuweisen, dass Ihr Schatz noch nie selbst Fußball gespielt hat. Und es spielt auch keine Rolle, dass seine Führungsqualitäten im Alltag eher durchschnittlich sind. Vor dem Fernseher ist er quasi allwissend – und das ist doch eigentlich auch mal ganz nett.

- Interessieren Sie sich für und informieren Sie sich über »seine« Mannschaft. Wenn er einen bestimmten Verein bevorzugt, geht das am einfachsten über das Internet. Auf der Vereins-Homepage steht alles Wissenswerte über die Mannschaft, die Spiele und Spieler – und meist auch noch ein aktueller Pressespiegel. So sind Sie innerhalb kürzester Zeit auf dem neuesten Stand und können mitreden.
- Zeigen Sie in Ihrer Beziehung Mannschaftsgeist, indem Sie ihm bei nächster Gelegenheit Karten für ein wichtiges Fußballspiel schenken. Es sollten auf jeden Fall zwei Karten sein – denn so können Sie unauffällig testen, wie weit Sie auf dem Weg zur perfekten Fußballbraut gekommen sind: Ist es für ihn klar, seinen Freund oder Arbeitskollegen mitzunehmen, haben Sie noch ein gutes Stück Arbeit vor sich. Zögert er oder überlegt sogar laut, ob das Spiel nicht auch für Sie ein schönes Erlebnis wäre, haben Sie schon viel geschafft (egal, wie er sich später entscheidet). Und wenn er Sie spontan fragt oder es gar keine Frage für ihn ist, dass *Sie* ihn begleiten – dann herzlichen Glückwunsch, Ihre Beziehung hat offenbar eine ganz neue Qualität gewonnen!

Das Tor

»Wenn ein Tor fällt, können noch mehr fallen. Aber es muss erst mal eins fallen.«

Und das ist gar nicht so einfach, da hat Erich Ribbeck Recht. Denn ein Tor wird erst dann gegeben, wenn ein Ball die Torlinie vollständig passiert hat, also nicht auf der Linie oder davor im Torraum vom Torwart erwischt wird. Dass allein dieses Detail immer wieder für Zündstoff sorgt, ist klar – denn nicht immer erkennen Schieds- beziehungsweise Linienrichter eindeutig, in welcher Höhe sich der Ball tatsächlich befand. Nachträgliche Fernsehanalysen und Zeitlupen bringen hier Klarheit, haben jedoch keinen Einfluss auf das Spielergebnis. Gespielt und gepunktet wird auf dem Platz – und nur dort.

Der Torwart hat in der Mannschaft die Aufgabe, Torschüsse zu halten und so Tore zu verhindern. Das Prinzip ist dabei eindeutig: »Leichte Bälle zu halten ist einfach. Schwierige Bälle zu halten ist immer schwierig« (Otto Rehhagel). Der Torwart bewegt sich dabei im Tor- und Strafraum, wo er den Ball im Gegensatz zu den Spielern auch mit der Hand annehmen darf. Verlässt er den Strafraum, muss er ebenfalls mit dem Fuß kicken. Das macht ein Torwart, wenn er das Leder möglichst weit in die gegnerische Hälfte befördern möchte.

Ein Torwart ist vor allem dann im Einsatz, wenn die Abwehrspieler der eigenen Mannschaft den gegnerischen Sturm nicht bremsen konnten. Ein richtig guter Torwart kann also unter Umständen die Leistung einer schlecht spielenden Mannschaft ausgleichen. Deshalb gibt es die berühmt-berüchtigten »Torwart-Diskussionen«. Wer wird Nummer 1 im deutschen Team? Oliver Kahn oder Jens Lehmann? Presse, Medien, Trainer, Spieler und Zuschauer sind seit 2004 mit der Beantwortung dieser Frage beschäftigt.

Den größten Stress hat ein Torwart, wenn es zu einem Freistoß der gegnerischen Mannschaft in Tornähe, einem Eckball oder gar einem Elfmeter kommt. Beim Elfmeter kann ihm nämlich kein Abwehrspieler mehr helfen – entweder er hält den Ball oder nicht. Gute Keeper wirken also durchaus beruhigend auf das Team, wie Nationalspieler Sebastian Kehl einmal feststellte: »Es ist immer ein schönes Gefühl, den Olli hinten drin zu haben.«

Und elf Meter vor dem Tor ist verdammt nah! Deshalb entscheiden sich viele Torhüter innerlich bereits vor dem Schuss, in welche Ecke sie springen, um den Ball möglichst zu halten. Meist haben die Feldspieler bestimmte Lieblingsecken, in die sie besonders gern schießen, und das weiß der Torwart. Außerdem bleibt bei guten und harten Schützen praktisch keine angemessene Reaktionszeit, um sich zu entscheiden, wenn der Ball bereits unterwegs ist. Ein wenig Glück ist also auf beiden Seiten im Spiel. Umso schöner für den Elfmeter-Schützen, wenn er am Keeper vorbeikommt. Denn Tatsache ist: »Wenn der Ball am Torwart vorbeigeht, ist es meist ein Tor« (Profi Mario Basler), und »wenn man keine Tore macht, ist's ganz schwer, ein Spiel zu gewinnen« (Fußballtrainer Reinhold Franz).

Das klappt nur, wenn der Gegner ein Eigentor schießt – eine ärgerliche Spielvariante, die meist aus Unachtsamkeit oder hektischem Abwehrverhalten heraus entsteht, aber gar nicht so selten ist. Eigentor-Schützen werden in der Presse mit Spott und Häme bedacht, oft aus einer tief wurzelnden Verzweiflung heraus, da sie dem Spielverlauf eine unerwartete, manchmal auch ungerechtfertigte Wendung geben. Eigentor-Schützen haftet immer wieder der Geruch von Schiebung an – vor allem dann, wenn ihr Versagen spielentscheidend war. Es gibt übrigens eine Statistik, die besagt, dass die deutsche Nationalelf im Durchschnitt alle sechs Jahre ein Eigentor auf dem internationalen Parkett erzielt. Und das passiert auch den Besten: Berti Vogts und Manfred Kaltz, beides Stars der siebziger und achtziger Jahre, gehören ebenso dazu wie Jürgen Kohler oder Ex-Nationaltorwart Eike Immel.

Fällt hingegen ein »richtiges« Tor, sind Spieler, Trainer, Fans und Zuschauer kaum zu bremsen in ihrem Jubel. Ganz gleich, ob auf dem Rasen oder vor dem Fernseher – ein Tor setzt Glückshormone frei und wirkt wie ein Ventil für all die Anspannung der Minuten zuvor. Wie brachte Jürgen Klinsmann zu seiner Zeit als Spieler dieses Gefühl auf den Punkt? »Der Druck entlädt sich beim Torschuss – ein Wahnsinns-Feeling. So ähnlich wie beim Sex.« Wow. Wir können vom Torschuss also lernen …

Kleine Tor-Typologie

Ein Tor ist nicht gleich ein Tor. In einer Sportart, in der Verbalerotik und Philosophie zum Standardrepertoire von vielen Spielern, Trainern und Kommentatoren gehört, wird das liebste Kind entsprechend gehätschelt und manchmal sogar mit Kosenamen versehen. Die wichtigsten Torarten möchten wir Ihnen an dieser Stelle kurz nennen:

Das klassische **Stürmertor** wie aus dem Lehrbuch kommt in der Realität eher selten vor. Es sieht vor, dass eine der Sturmspitzen einer Mannschaft intelligent aus dem Mittelfeld angespielt wird, dann einen schnellen Sturm in Richtung gegnerisches Tor unternimmt, dabei den Ball in eine gute Schussposition bringt und quasi im Lauf abzieht. Tor!

Entsprechend groß ist die Begeisterung, wenn es dann tatsächlich einmal zu einem **Solotor** kommt, also einem Siegtreffer, der im Alleingang eines Spielers zustande kam. Dieser hat dann entweder durch das ganze Spielfeld einen gigantischen Sprint mit dem Ball hingelegt und dann noch den Torwart chancenlos in die falsche Ecke springen lassen. Oder er hat mehrere Gegner ausgespielt, indem er kleine spielerische Kunststücke mit dem Ball vollführte, ehe der finale Torschuss erfolgte. Solotore gehören im deutschen Team zu den Raritäten und sind eher südamerikanischen Ursprungs. Alt-Star Diego Maradona, dieser kleine und emsige Argentinier, gehörte zum Beispiel zu solchen Künstlern, aber auch der Brasilianer Pelé, der in seiner aktiven Zeit dreimal Weltmeister wurde.

Ähnlich spektakulär ist das **Eckballtor**, bei dem der Ball unmittelbar vom Eckpunkt aus mit ordentlich viel Drall vom Spieler direkt ins Tor gelenkt wird, ohne dass ein anderer das Leder noch einmal berührt hat. Kommt sehr selten vor – und wird dann garantiert Tor des Monats.

Weniger sensationell, aber mindestens so aufregend ist

das **Elfmetertor**, das ja meist als Folge einer gegnerischen Tätlichkeit fällt. Elfmetertore sind daher auch in den Augen Ihres Liebsten ungerecht, wenn »seine« Mannschaft sie kassiert. Das ist eben so.

Ähnlich problematisch kann ein **Freistoßtor** sein, wobei hier der Stress für die Spieler geringer ist. Der Torwart erhält bei einem Freistoß Unterstützung durch das eigene Team, indem die Spieler eine menschliche Mauer bilden – und der Schütze steht nicht so sehr unter Erfolgsdruck, da von ihm nicht zwingend ein Tor erwartet wird. Gelingt es ihm doch, an Mauer und Torwart vorbeizukommen, ist es gut, wenn nicht, kein Weltuntergang.

Bei Zuschauern besonders beliebt sind spektakuläre Tore, die mit anderen Körperteilen als dem Fuß oder komplizierten Bewegungsabläufen erzielt werden. Dazu gehört natürlich an erster Stelle das **Kopfballtor**, das stets einige meist eher große Spieler besonders gut beherrschen. Sie sind es dann, die im gegnerischen Strafraum am höchsten springen, wenn ein Ball herübergeflankt wird, und ihn gekonnt ins Tor weiterleiten. Horst Hrubesch galt beim HSV einst als Kopfball-Spezialist und beschrieb eindrucksvoll eines seiner Tore: »Manni Bananenflanke, ich Kopf, Tor!«

Eine andere Variante ist das **Fallrückziehertor**, bei dem sich der Spieler in der Luft nach hinten wirft und dabei mit den sich nach oben bewegenden Füßen den Torschuss vollzieht. Das ist ziemlich kompliziert und erfordert eine große Körperbeherrschung sowie Gelenkigkeit. Auch hier ist wieder auffällig, dass südamerikanische Spieler den Fallrückzieher besser beherrschen als Europäer. Gelingt es einem deutschen Spieler jedoch, auf diesem Weg ein Tor zu schießen, ist ihm ewiger Ruhm sicher – so zum Beispiel Jürgen Klinsmann, der 1987 ein solches Tor für seinen damaligen Verein VFB Stuttgart gegen den Erzrivalen Bayern München erzielte.

Auch immer wieder gern gesehen ist das **Volleytor**. Wie im Tennis nimmt dabei der Spieler den Ball aus der Luft an und leitet ihn quasi nur weiter ins Tor. Volleytore verlangen extrem viel Ballgefühl und können richtig danebengehen. Dann landen die Bälle oft im Seitenaus oder auf den Zuschauertribünen. Auch die Verletzungsgefahr ist hier recht hoch, da der Ball praktisch ungebremst übernommen wird. Oft lassen sich Spieler beim Volley gekonnt seitlich fallen, um den Druck auszugleichen.

Etwas uneindeutiger ist das Zuschauerecho beim **Hackentor**. Kam es absichtlich und durch den gekonnten, ja oft besonders lässigen Einsatz der Ferse eines Spielers zustande, ist die Fußballwelt in Ordnung. Springt der Ball jedoch nur zufällig und in allgemeiner Strafraumkonfusion von der Ferse eines Spielers ins Tor, redet man gern von Glück oder Pech – denn oft genug war dies dann die Hacke des eigenen Abwehrspielers.

Spätestens beim **Handtor** dürfte die Stimmung im Keller sein. Denn ein Handtor (das immer aufgrund einer vom Schiedsrichter unerkannten Regelwidrigkeit zustande kommt) ist unfair – und zählt dennoch. Das berühmteste Handtor aller Zeiten stammt übrigens vom argentinischen Stürmerstar Maradona: Er entschied im WM-Viertelfinale 1986 ausgerechnet gegen England (das kurz zuvor noch im Falklandkrieg mit Argentinien stand!) per Hand zum

2:1-Endstand – und sprach in Interviews später in diesem Zusammenhang von der »Hand Gottes«. Nun ja.

Was auch immer für ein Tor fällt – es sorgt für Emotionen. Denn »wer mehr Tore schießt, gewinnt. Das ist brutal und kriminell«, beschrieb Spieler Jeff Strasser das Spielgeschehen. Wie kriminell das Toreschießen wirklich sein kann, zeigen uns diverse Kicker, Trainer und so genannte Fußballspezialisten seit Jahren in ihren Kommentaren.

»Wir wollten in Bremen kein Gegentor kassieren. Das hat auch bis zum Gegentor ganz gut geklappt.«

Profi-Kicker Thomas »Icke« Häßler (sein Spitzname resultiert aus seinem Dialekt) macht es ganz deutlich: Tore führen zu heftigen Emotionen – und die wiederum vernebeln manchmal den Geist. Oder wie sonst lassen sich Statements von Spielern wie Michael Preetz (»Da war dann jeder Treffer ein Tor«) oder Roland Wohlfahrt (»Zwei Chancen, ein Tor – das nenne ich hundertprozentige Chancenauswertung«) erklären?

Auch Trainer stehen ihren Schützlingen in der allgemeinen Torverwirrung in nichts nach – man denke an das Fazit von Frank Pagelsdorf (»Es ist uns gelungen, unsere Torgefährlichkeit im Vergleich zum letzten Jahr auszumerzen«), die Forderung Friedhelm Funkels (»Wir dürfen nicht mehr Tore kassieren, als der Gegner schießt«) oder die kluge Spielanalyse eines Otto Rehhagel (»Wenn er das Tor getroffen hätte, wäre der Ball drin gewesen, aber er hat vorbeigeschossen«). Tore schlagen auf die Psyche, ganz gleich, wann und von welcher Mannschaft: »Das Gegentor fiel zum psychologisch ungünstigen Zeitpunkt. Aber man muss an dieser Stelle auch einmal die Frage stellen, ob es Gegentore gibt, die zu einem psychologisch günstigen Zeitpunkt fallen«, so Leverkusen-Trainer Christoph Daum.

Wenn Sie sich bislang nicht besonders intensiv mit Fußball beschäftigt haben, sind Sie sich möglicherweise der Dramatik eines Tores (ganz gleich, ob Gegentor oder ein Treffer der eigenen Mannschaft) gar nicht bewusst! Sie stellen nur fest, dass da neben Ihnen »etwas passiert«. Sollte dieses »etwas« sich in Toben, Jubeln, Schimpfen oder Resignieren ausdrücken, scheint es, als sei die Sache klar. Muss sie aber nicht zwangsläufig sein, denn die Reaktionen von Spielern und Zuschauern sind nicht mit normalem Maß zu messen. Und dass es genau das so oder so nicht gibt, dürfte Ihnen aus der einschlägigen Frauen-Ratgeberliteratur bereits bekannt sein. Wie aufgeregt Ihr Partner sich auch gebärdet, es kann auch blanke Ironie oder einfacher Sarkasmus sein. Immerhin fallen sogar Fußballtrainer manchmal mit solchen Verhaltensweisen auf, wie zum Beispiel Christoph Daum, der die Leistung seiner Hintermannschaft, also der Abwehr inklusive Torwart, einmal so kommentierte: »In der Schlussphase war der Pfosten der Einzige, auf den wir uns hundertprozentig verlassen konnten.«

Da hilft nur eins: genau zuhören und hinschauen. Fußballkommentatoren bemühen sich nämlich in der Regel darum, möglichst objektiv das Spielgeschehen zu begleiten. Da sie im Stadion meist an exponierter Stelle sitzen, sehen sie auch besser als viele andere und liegen deshalb mit ihren

Analysen häufig richtig. Aber Vorsicht, manchmal geht es auch daneben, wie Johannes B. Kerner vor einiger Zeit einem erstaunten Publikum bewies, als ein Spieler seinem Gegner ins Gesicht getreten hatte und der Schiedsrichter wütend abpfiff: »Oh, ich hab da gar kein Handspiel gesehen.«

DAMIT KÖNNEN SIE GLÄNZEN!

Ausgerechnet Franz Beckenbauer, jener »Kaiser«, der nahezu jedes Länderspiel der deutschen Nationalmannschaft irgendwann gnadenlos kommentiert, hat in seiner eigenen aktiven Zeit nur insgesamt sechs Elfmeter geschossen – und nur drei von ihnen landeten im Tor!

Der beste deutsche Elfmeterschütze kommt aus dem hohen Norden und heißt Manfred Kaltz. Der ehemalige HSV-Profi verwandelte insgesamt 53 Strafstöße. Und ausgerechnet Gerd Müller, ja, *der* Gerd Müller, der Inbegriff des deutschen Fußballwunders und Torschützenkönig aller Zeiten, hat auch die meisten Elfmeter verschossen. 12 Fehlversuche waren es – 51 landeten allerdings im Netz.

Und dann gibt es natürlich *das* deutsche Tor schlechthin: das von Helmut Rahn, das damals zum Wunder von Bern führte. Es gibt diverse Bücher zu diesem Thema und mittlerweile auch einen wunderbaren

Kinofilm »Das Wunder von Bern«, den Sie sich unbedingt ansehen sollten. In ihm geht es nicht nur um Tore und Gewinn, sondern Sie verstehen auch die Geschichte des deutschen Fußballs ein Stückchen mehr. Als Einstiegsdroge eignet sich dieser Film hervorragend.

SO PUNKTEN SIE BEI IHREM LIEBSTEN!

- Das Wichtigste zuerst: Wenn ein Tor für »seine« Mannschaft fällt, freuen Sie sich mit! Nichts ist schlimmer für ihn als die arrogant-kühle Haltung einer Partnerin, die sich laut erkundigt, ob man sich wegen eines banalen Torschusses *wirklich derartig* gebärden *muss*. Für den Sportsmann an Ihrer Seite ist das eben gefallene Tor in diesem Moment das Größte, und, wie Jürgen Klinsmann es ja offen beschrieb, nur mit gutem Sex zu vergleichen – auch als Zuschauer. Wenn Sie das nicht nachvollziehen können, dann stellen Sie sich einfach einmal vor, Ihr Partner würde Sie nach einem wunderschönen Orgasmus, den Sie so richtig genossen haben, fragen: »Also bitte … musst du dich denn gleich derartig gebärden?«
- Beim Gegentor ist eine Defensiv-Strategie angesagt.

Tröstende Analysen, warum das Tor einfach nicht zu verhindern war, nützen leider gar nichts, sondern produzieren im Zweifelsfall nur Ärger. Vermeiden Sie Diskussionen aller Art. Allenfalls zustimmende Kommentare wie »das ist aber ungerecht« oder »das entspricht ja wohl gar nicht dem Spielverlauf« sind erlaubt und verraten ihm, dass Sie etwas vom Spiel verstehen.

- Tore sind immer Heldentaten. Warum nutzen Sie nicht die Gelegenheit, wenn ein besonders erfreuliches Tor mit in die Halbzeitpause genommen wurde, und fragen ihn nach seinem schönsten Tor zu seiner Zeit als Jugendspieler, Freizeitkicker oder einfach nur Bolzplatzliebhaber? Er wird sich über Ihr Interesse freuen und Ihnen garantiert beweisen können, dass auch in ihm einst ein verborgenes Talent schlummerte. Der gute Junge!
- Und wenn er selbst noch nie einen Ball gespielt hat, sich aber dennoch als Top-Fachmann aufführt, könnten Sie ihn fragen, was ein Wembley-Tor oder ein Emmerich-Tor ist (beides spektakuläre historische Tore, nach dem Stadion beziehungsweise dem Schützen benannt). Da kann er dann zeigen, was er draufhat – und Sie können ihm das nötige, durchaus anspruchsvolle Forum dazu bieten.

Der Schiedsrichter

»Auf dem Platz bisher nur Kleingehacktes.«

Es ist sicher nicht ganz wörtlich zu nehmen, was Bela Rethy da einst kommentierte. Doch wenn es tatsächlich auch nur annäherungsweise zu Fleischwolfgehabe auf dem Spielfeld kam, dann könnte dies im Zusammenhang mit dem Schiedsrichter stehen. Kaum eine Position wird mehr geachtet und mehr gehasst. Ein Schiedsrichter befindet sich einerseits in einer Art geadeltem Stand und gehört gleichzeitig – und ganz besonders bei unbeliebten Entscheidungen – einer »unteren Kaste« an. Ein Käfer, Gewürm, ganz kleines Licht ist er dann. Den Schiedsrichter zu erkennen fällt auch der ungeübten Fußballbraut nicht schwer. Er ist das Männchen auf dem Spielfeld, das anders angezogen ist als die anderen, keine Nummer auf dem Rücken hat und pfeift. Das typische Einzelkind mit passendem Gehabe, gäbe es da nicht so etwas wie »Geschwister«.

Denn der Schiedsrichter ist nicht allein. Er hat zwei Assistenten an den Seitenlinien, die ihm zur Seite stehen. Die pfeifen aber nicht. Die Trillerpfeife gehört zum Chef, und der pfeift das Spiel an und ab oder unterbricht es, wenn ihm Regelverstöße auffallen. Und je öfter dies der Fall ist, desto zerhackter ist das Spiel. Man verfolgt den Verlauf sozusagen in Sequenzen, und das macht wenig Spaß.

Zerhackt kann sich auf das Spiel selbst beziehen oder wenn zwei oder mehrere Spieler aufgrund eines Schiedsrichterentscheids Hackfleisch auseinander machen wollen.

Oder aus dem Schiri. Auch das wird dann bestraft. So er noch pfeifen kann.

Der Schiedsrichter trägt häufig schwarze Kleidung (andere Farben sind aber auch erlaubt). In seinem Hemd befinden sich in der berühmt-berüchtigten Brusttasche die rote und die gelbe Karte, der ein oder andere Schiedsrichter zaubert die Karten auch aus der Gesäßtasche hervor. Immer wieder muss er, trotz der aufgeheizten Stimmung der Fans, Trainer und Spieler, innerhalb von Sekundenbruchteilen Entscheidungen treffen, die keinesfalls auf allgemeine Zustimmung treffen. Um jedoch potenzielle und ausufernde Diskussionen zu vermeiden, gelten Schiedsrichterentscheidungen als Tatsachenentscheidungen. Das bedeutet, dass sie aus der Situation heraus vom Schiedsrichter getroffen werden und akzeptiert werden müssen – auch wenn sich nachträglich herausstellen sollte, dass seine Entscheidung nicht korrekt war. Es braucht nicht viel Fußballverstand, um sich auszurechnen, dass hier Ärger vorprogrammiert ist – und zwar auf allen Seiten.

Der Schiedsrichter als Chef darf mit seinen Ansagen auch die beiden Linienrichter überstimmen. Die Linienrichter haben zwar in Sachen Seiten- und Toraus sowie Abseits die bessere Sicht auf das Spielgeschehen (sie befinden sich im Idealfall immer auf Ballhöhe), doch wenn der Schiedsrichter anderer Meinung ist, können sie ihre Fähnchen schwingen, solange sie wollen. Andererseits haben Linienrichter trotzdem einen großen Einfluss auf das Spielgeschehen, da sie mit ihren Fahnen auch ein Foulspiel anzeigen dürfen, das dem Boss entgangen ist.

Wenn Sie jetzt denken, das ist genau meine Position,

wenn überhaupt Fußball, dann nicht auf regennassen Rasenflächen herumschliddern, sondern ich will das Sagen haben, dann sollten Sie einkalkulieren, dass man als Schiedsrichter eine fundierte Ausbildung zu absolvieren hat. Und mit den Spielregeln allein ist es nicht getan! Für Schiris ist körperliche Fitness das Nonplusultra, auch wenn man das erst gar nicht vermutet. Sie müssen:

- viel laufen
- und einen Erste-Hilfe-Koffer psychologischer Grundlagen besitzen, um mit schwierigen Spielern und Situationen umgehen und Konflikte vermeiden zu können.

Ja, wissen wir, dass müssen Sie jeden Tag, da Sie berufstätig sind und vielleicht noch Kind und Kinder haben – wir meinen natürlich Mann und Kinder –, aber all das genügt noch nicht, um als Schiedsrichterin aufzutreten. Überlegen Sie es sich dennoch. Schiedsrichter ist ein sehr interessanter und vielseitiger Job. Sie könnten ganz neu durchstarten.

Allerdings müssten Sie mit diesem ewigen Negativ-Image leben. Denn selbst abgesehen von den jüngsten Schiedsrichter-Skandalen in Deutschland stehen Schiedsrichter immer wieder im Kreuzfeuer der Kritik. »90 Prozent der Schiedsrichter sind saubere Leute, und die fünf Prozent, die die Regeln nicht beachten, die muss man finden und aussortieren«, forderte daher auch Trainer Otto Rehhagel, ohne allerdings zu verraten, was mit den verbleibenden fünf Prozent geschehen soll.

Schiris gelten landläufig als Spielverderber – und zwar sowohl im wörtlichen als auch im übertragenen Sinn. Ein

Schiedsrichter ist immer ein wenig pedantisch, humorlos und vor allem in keiner Weise zugänglich für gut gemeinte Gegenvorschläge einzelner Spieler, weshalb er auch immer wieder das Opfer wüster Beschimpfungen ist. Das Leben ist hart und ungerecht. Oftmals bleibt ihm gar nichts anderes übrig als ein Platzverweis, allein schon um sein Gesicht zu wahren. Nebenbei muss er noch die Kontrolle über das Spielgeschehen behalten. »Wir haben nicht das Recht, jede Entscheidung des Schiedsrichters zu kommentieren«, brachte es Ex-Profi Ewald Lienen in seiner Funktion als Trainer einmal auf den Punkt: »Der lacht sich ja auch nicht tot, wenn wir einen Fehlpass spielen.« Bestechend logisch.

Ein Traumberuf scheint Schiedsrichter jedenfalls nicht zu sein – zumindest nicht für Lothar Matthäus: »Schiedsrichter kommt für mich nicht in Frage, schon eher etwas, das mit Fußball zu tun hat.«

»Ich werde dem Schiedsrichter meinen Optiker empfehlen.«

Das, was die Macht eines Schiedsrichters ausmacht, also seine schnellen und oft folgenreichen Entscheidungen, ist gleichzeitig sein größtes Problem. Nicht nur Jürgen Kohler hat einem Schiedsrichter nachträglich schon einmal den Gang zum Optiker empfohlen; ganze Generationen haben schon »Schiri raus«, »Blindfisch« oder »Schiebung« gebrüllt, wenn ein Pfiff auf eine nicht ganz eindeutige Spielsituation erfolgte. Vergessen wird dabei immer wieder der unglaubliche Stress, unter dem die Unparteiischen stehen. Fußball-Kommentatoren stellen sich daher gern auf die

Seite der schwarzen Sheriffs, wie auch Holger Stanislawski als Ko-Kommentator bei einer umstrittenen Elfmeter-Entscheidung: »Das hat der Schiri wirklich super gesehen. Egal, ob das jetzt ein Elfer war oder nicht.« Auch Beckenbauer wird hier eine legendäre Loyalität nachgesagt, da er einmal erkannte: »Abseits ist, wenn der Schiedsrichter pfeift.« Ein gern zitiertes Bonmot.

Wie gut, dass unsere Helden auf dem grünen Rasen das Bild vom »guten« Schiedsrichter schnell wieder gerade rücken, wie zum Beispiel Ex-Spieler Markus Osthoff, der, angesprochen auf seine vielen gelben Karten, meinte: »Daran sind nur die Schiedsrichter schuld, da bin ich ganz selbstkritisch.« Und Andy Brehme ging sogar noch einen Schritt weiter, indem er dem staunenden Publikum versicherte: »Wenn der Mann in Schwarz pfeift, kann der Schiedsrichter auch nichts mehr machen.«

DAMIT KÖNNEN SIE GLÄNZEN!

Im Zeitalter der großen Schiedsrichterskandale, das eindeutig auch in Deutschland angebrochen ist, haben Schiedsrichterwitze Hochkultur. Kennen Sie den?

Beschwert sich ein Trainer bei einem Kollegen mit den Worten:

»Mann, ich hab in den letzten drei Spielen 15000 Euro verloren.«

»Wie denn das? Ihr habt doch immer gewonnen!«

»Ja, aber ich hab mit den Schiedsrichtern gewettet, dass wir verlieren.«

O.k., Witze sind nicht Ihre Sache, muss ja auch nicht sein. Dafür sollte Ihnen der Name Arturo Yamasaki geläufig sein, ein legendärer peruanischer Schiedsrichter. Denn er war es, der 1970 im WM-Halbfinale in Mexiko den deutschen Fans und Spielern die Tränen in die Augen trieb, da er zweimal mit seinen Entscheidungen im Spiel gegen Italien danebengriff: So entging Deutschland ein Elfmeter – und den Italienern ein völlig gerechtfertigter Platzverweis. Seither steht der Name Yamasaki für unfähige Schiedsrichter. Ein geseufztes »Du Yamasaki!« bei einer vermeintlichen Fehlentscheidung beweist allen Ihre Detailkenntnis.

SO PUNKTEN SIE BEI IHREM LIEBSTEN!

- Diskutieren Sie mit ihm nicht über Schiedsrichterentscheidungen, wozu auch. Pfiff ist Pfiff, ob Ihr Schatz will oder nicht. Lenken Sie seine Wut besser ab, indem Sie beispielsweise nach anderen schlechten Leistungen des gerade pfeifenden Schiedsrichters fragen.
- Wenn Sie eine Schiedsrichterentscheidung nicht verstehen oder Ihnen die dahinter versteckte Regel

nicht ganz klar ist, fragen Sie! Erstens bringt Sie das in Sachen Fußball weiter – und zweitens freut er sich ganz sicher über Ihr Interesse.

Das Foulspiel

»Wir haben mit der notwendigen fairen Brutalität gespielt.« Ex-Profi Christian Beeck

Vom Foul spricht man im Fußball immer dann, wenn ein Spieler seinen Gegner am Weiterlaufen hindert oder mehr oder weniger unsanft zu Fall bringt, ohne dabei den Ball zu spielen. Typische Fouls sind Rempler, Schubser, das Festhalten, Schlagen oder Treten oder, als Grätsche getarnt, das gestellte Bein. Bei Stürmern kommt noch das Umrennen der Gegner hinzu. Und dann gibt es natürlich noch Ausnahmefälle wie Prügeleien oder handfeste Tätlichkeiten, die allerdings Gott sei Dank recht selten sind.

Glaubt man Fußball-Spezialisten, so gibt es grundsätzlich zwei Sorten von Fouls: die taktischen (das sind die guten) und die unnötigen (das sind die schlechten). Taktische Fouls dienen dazu, den Spielfluss zu unterbrechen, den Gegner durch unerwartete Härte einzuschüchtern oder einfach als Notbremse, wenn ein gegnerischer Sturm oder gar ein Tor unvermeidlich erscheint. Sie bringen der foulenden Mannschaft immer irgendeinen kurzfristigen Vorteil. Unnötige Fouls sind all jene, die mit dem Spielverlauf selbst nichts zu tun haben und dadurch nur für Nachteile wie Verwarnungen, Freistöße oder Ähnliches sorgen.

Ein Foul wird – wenn erkannt – vom Schiedsrichter immer abgepfiffen und bestraft. Die Art der Strafe hängt vom Ort des Foulspiels und der Grobheit ab. Prinzipiell gilt jedoch: Je weiter hinten ein Foul im eigenen Strafraum verübt wird, desto gefährlicher für das eigene Tor. Bei einfachen Fouls, also kleinen Rempeleien oder tatsächlich unabsichtlich verursachten Stürzen, entscheidet sich der Schiedsrichter meist für einen **Freistoß** – es sei denn, die gefoulte Mannschaft bleibt im Ballbesitz, denn dann ist sie bereits im Vorteil (»Vorteilregelung«). Freistöße können »direkt« oder »indirekt« gegeben werden.

- Beim **direkten Freistoß**, der verschärften Variante, darf der Schütze direkt auf das gegnerische Tor schießen.
- Beim **indirekten Freistoß** muss mindestens ein weiterer Spieler auf dem Feld den Ball berühren, ehe er im Tor landen darf. Das kann allerdings dann auch die Hacke des Gegners sein, Hauptsache, irgendjemand war dran. Deswegen sind indirekte Freistöße gar nicht so ungefährlich, da sie oft zu unberechenbar abgefälschten Bällen auf das Tor führen.

Und woran erkennt man, ob ein Schiedsrichter einen direkten oder indirekten Freistoß anordnet? Ganz einfach: Beim indirekten Freistoß bleibt sein Arm so lange nach oben ausgestreckt, bis der Ball einen anderen Spieler berührt hat. Das Ganze ist also auch im Fernsehen ganz gut zu erkennen.

Freistöße für die gegnerische Mannschaft gibt es übrigens auch für Handspiel oder das Sperren, bei dem der Gegner, ohne dass überhaupt ein Ball im Spiel ist, am Vorbeilaufen gehindert wird. Ein klassischer Fall für das scharfe Auge der Linienrichter, allerdings kein Foul. Warum der Spieler wohl aufgehalten wird? Besser nicht nachfragen, das führt zu stimmungslähmenden Antworten. Einfach übersehen und weiter dem Spiel zuschauen.

Wird ein Gegenspieler im eigenen Strafraum gefoult, zeigt der Schiedsrichter energisch auf den Elfmeterpunkt. Da der Elfmeter für den eigenen Torwart so ziemlich der Supergau ist, versucht man natürlich, diese Fouls möglichst zu vermeiden, was allerdings im Eifer des Gefechts nicht immer gelingt. Andersherum bemühen sich viele Stürmer darum, wenn überhaupt, dann im gegnerischen Strafraum ein Bein gestellt zu bekommen, um wenigstens den Elfmeter zu schinden.

Eine besonders ärgerliche Variante ist dabei die so genannte Schwalbe, bei der ein Spieler nur vorgibt, gefoult worden zu sein. Der arme Sommervogel musste mit seinem Namen herhalten, um die Vielfältigkeit dieser Foul-Variante möglichst umfassend zu illustrieren. Da wird meterweit gesegelt, wirkungsvoll durch die Luft geflogen, über den Rasen geschlittert und laut gejammert. Das Problem dabei: Schwalben werden von den Schiedsrichtern oft nicht als solche erkannt und führen so zu Fehlentscheidungen. Trainer und Spieler, die die Eigenarten ihrer Kollegen oder Gegner besonders gut kennen, haben einen Blick für solche künstlerischen Einlagen und regen sich daher in solchen Fällen ziemlich auf – was dann oft zu einer Verwarnung durch den Schiri führt. Für den Protestierenden wohlgemerkt – nicht für den Laienschauspieler. Schwalben gelten im Übrigen als unfein – vor allem dann, wenn sie enttarnt werden. Bundesliga-Profi Andreas Möller galt zu seinen Dortmunder Zeiten als Schwalbenkönig, brachte seinem Verein durch eine spielentscheidende Schwalbe mit nachfolgendem Elfmeter sogar die Meisterschaft. Er wurde allerdings nachträglich wegen unsportlichen Verhaltens gesperrt – und seinen Ruf als penetranter und unfairer Simulant nie wieder los. Dann schon lieber richtige Fouls, der Meinung ist auch heute noch Uwe Seeler, denn »… ein normales Foul ist für mich nicht unfair«.

Nicht immer sind Fouls so harmlos, dass in den Augen des Schiedsrichters mit einer mündlichen Verwarnung und einem Vorteil für die gegnerische Mannschaft alles erledigt ist. In solchen Fällen zückt er dann die gelbe, gelb-rote oder rote Karte. Die **gelbe Karte** wird einem Spieler gezeigt, wenn er absichtlich oder grob foult oder immer wieder gegen Regeln verstößt. Sie ist eine Art Warnzeichen, das allerdings Folgen haben kann. Denn eine weitere Verwarnung dieser Art bringt dem Spieler die **gelb-rote Karte** – und damit den Platzverweis. Eine **rote Karte** gibt es für richtig grobe Fouls oder Beleidigungen von Spielern und des Schiedsrichters. Wer sich eine rote Karte eingehandelt hat, muss den Platz sofort verlassen, und die Mannschaft muss für den Rest der Spielzeit mit zehn Spielern auskommen.

Klare Sache, oder? Nein, eben nicht. Je nach Wettkampf ändern sich die Regeln, wie mit gelben und roten Karten verfahren wird. In der Regel bedeutet die rote Karte, dass der betroffene Spieler automatisch für das oder die nächsten Spiele gesperrt ist; wie lange, wird im Regelwerk des jeweiligen Wettbewerbs vorab festgelegt. Auch gelbe Karten können, wenn sie sich bei einem Kicker in mehreren Spielen häufen, zum ungewollten Verbleiben auf der Bank führen. Und last but not least ist auch der Umgang mit den Karten in erster Linie Ermessenssache des Schiedsrichters, womit wir wieder beim Anfang wären …

»Dem Kampf gegen unsportliches Verhalten soll ja hier der Kampf angesagt werden.«

Ja, was ist denn nun wirklich unsportliches Verhalten? Gibt es »faire Brutalität« und »normale Fouls«? Im Regelwerk von DFB und FIFA jedenfalls nicht! Wie problematisch dieses Thema auch für Fachleute ist, beweist der oben zitierte Kommentar von Heribert Fassbender – uns zumindest schien es etwas fraglich, einem berechtigten Kampf den Kampf anzusagen.

Hinzu kommt, dass kleine Rempeleien an manchen Spielern durchaus als gerecht empfunden werden. Ewald Lienen gab zu Gladbacher Zeiten beispielsweise einmal zu, dass es ihn freute, wenn Verteidiger Berti Vogts ein Foul, das zuvor an Lienen verübt worden war, später mit einem gezielten Tritt oder Schubser rächte: »Das war zwar gegen meine pazifistische Grundeinstellung, aber tief drinnen habe ich eine leichte Genugtuung gespürt.«

Und dann gibt es natürlich Regionen auf dem Spielfeld, in denen sich Fouls und Regelwidrigkeiten häufen. Ganz typisch ist hier die Strafraumgrenze: Je nachdem, ob eine Mannschaft in der angreifenden oder verteidigenden Position ist, bemüht sie sich, außerhalb des Strafraumes zu foulen (um den Gegner ohne Elfmeter-Risiko zu stoppen) oder schon im Strafraum zu fallen (damit es ein Strafstoß wird). Leider enden dann viele dieser Aktionen ziemlich genau auf der Linie des Strafraumes, was dem Schiedsrichter und seinen Linienrichtern manches Mal schwierige Entscheidungen abnötigt. Mit dem Ergebnis, dass immer mindestens die Hälfte der Fußball schauenden Fangemeinde empört aufjault. Ganz schön anstrengend.

Noch irritierender sind allerdings die Erklärungsversuche Fußball spielender Straftäter, wenn sie nach ihren (eindeutigen!) Fouls nach dem Kick befragt werden. »Ich wollte den Ball treffen, aber der Ball war nicht da«, beteuerte Anthony Yeboah allen Ernstes, als er für das Nachtreten bei Michael Schulz zu Recht vom Platz geflogen war. Und ein echter Klassiker in Sachen Ausrede ist das Plädoyer Dietmar Hamanns vor dem Sportgericht: »Dass mein Gegenspieler mich umgestoßen und am Torschuss gehindert hat, hab ich ja noch wegstecken können, aber als er mich obendrein noch einen ›Pardon‹ geheißen hat, habe ich die Nerven verloren und nachgetreten.«

DAMIT KÖNNEN SIE GLÄNZEN!

Es gibt sogar Fußball-Fouls, die mit einem Besuch im Knast enden! So geschehen 1994 in England, als Duncan Ferguson, ein übereifriger Stürmer der Glasgow Rangers, seinem Gegenspieler John McStay einen brutalen Kopfstoß versetzte. Dieser zeigte Ferguson an – und brachte ihn für 44 Tage hinter Gitter.

Und dann unvergesslich: der »Schlächter von Bilbao«! Gemeint ist hier der Baske Andoni Goikoetxea, der für den spanischen Club Athletic Bilbao kickte. Er zertrümmerte zwei Spielern des FC Barcelona gezielt die Knie – zuerst dem Deutschen Bernd Schuster (1982) und dann niemand anderem als dem eingekauften Stürmerstar Diego Maradona (1983).

SO PUNKTEN SIE BEI IHREM LIEBSTEN!

- Informieren Sie sich vor einem wichtigen Spiel, nach welcher Regel im Umgang mit gelben und roten Karten gespielt wird. Verblüffen Sie ihn dann damit, indem Sie genau informiert sind, welcher Spieler bereits wie viele gelbe Karten mit ins Spiel bringt – und somit Gefahr läuft, bei der nächsten Tätlichkeit vom Platz zu fliegen oder gesperrt zu werden. Tipp: Die aktuellen Regeln findet man immer im Internet auf der Website des DFB oder der FIFA.
- Fragen Sie ihn bei Schiedsrichterentscheidungen, die ihn ärgern, wie und warum er anders entschieden hätte – möglicherweise hat er Recht.
- Wenn er zu den Dauer-Meckerern in Sachen Schieds-

richter gehört, schenken Sie ihm doch einfach augenzwinkernd zum nächsten Fußball-Fernsehabend eine Trillerpfeife sowie eine rote und gelbe Karte. Und wenn Sie zu Scherzen aufgelegt sind, können Sie sich ja mit einem Fähnchen ausrüsten. Das ist zu lächerlich? Ja, finden wir auch. Also vergessen Sie die Idee.

Die Taktik

»Ihr fünf spielt jetzt vier gegen drei.«

Diese merkwürdige Spielanweisung von Trainer Fritz Langner illustriert anschaulich, was Taktik im Fußball eigentlich bedeutet: Der Trainer meint, er mache klare Ansagen – und keiner weiß, was er will. Also alles wie im richtigen Leben, nur dass es hier um Fußball geht, die Situation also angespannter und verschärfter ist. Kein Wunder, dass Profis wie Michael Maier dann schon mal feststellen: »Wir müssen uns wahnsinnig konzentrieren, vor allem im mentalen Bereich«, oder gar zugeben: »Wenn man zu früh auf andere schaut, vergisst man, das Wesentliche aus den Augen zu verlieren« (Leverkusen-Spieler Jens Nowotny).

Taktik ist das, was Frauen nahezu von Geburt an kennen. Manchmal nennt man sie dann auch Raffinesse – das klingt ein bisschen chicer. Insofern müsste Frauenfußball dem Männerkick überlegen sein. Nur dumm, dass da Frauen gegeneinander spielen, die ja alle von Geburt an Taktikprofis sind. Wenn überhaupt Frauen gegen Männer spielen sollten, dann aus diesem Grund. Es gäbe große Gewinnchancen. Deswegen spielen Männer auch nicht gerne gegen Frauen – weil sie dies ahnen. Sie haben vor deren Taktik Angst, fürchten, sie könnten bei Mann-Frau-Spielen, wie im richtigen Leben, unterliegen. Und würden es wahrscheinlich auch. Also lassen sie gleich die Finger davon. Raffinierte Frauen sind für Fußballer ein Gräuel.

Zunächst einmal ist Taktik im Fußball nichts anderes als die Art und Weise, wie sich eine Mannschaft dem Gegner gegenüber aufstellt und verhält. Vielleicht ein bisschen mehr … also im Frauenfußball ist das so, denn da »spüren« einzelne Spielerinnen ganz sicher in die Situation noch hinein. Nehmen die Schwingung auf, erfühlen Unsicherheiten bei gegnerischen Spielerinnen und bemerken eigene Blockaden. Das ist für das Spiel nicht ohne Belang. Beim Männerfußball bezieht sich die Taktik auf Nachweisbares. Wie soll gespielt werden? Wer steht wo und warum? Dabei wird zwischen »offensiv« und »defensiv«, also eher angreifend beziehungsweise verteidigend unterschieden – je nachdem, wie stark die andere Mannschaft ist. Welche Taktik angesagt ist, bestimmt der Trainer.

Damit Männer taktisch aber auch was zu tun haben und die ganze Sache nicht langweilig wird, haben sie die **taktische Auswechslung** erfunden. Wenn zum Beispiel ein Abwehrspieler mit seinem direkten Gegner überfordert ist (und Männer sind schnell überfordert), wird er vom Trainer ausgetauscht. Die Hoffnung ist, dass der frische Spieler, möglicherweise aufgrund anderer Spieltechniken, besser mit dem gegnerischen Spieler klarkommt. Manchmal wird diese Hoffnung erfüllt. Manchmal nicht. Also alles wie im richtigen Leben.

Ähnlich in Verlängerungen: Hier kommen oft neue Sturmspitzen ins Spiel, um endlich Tore zu erzielen.

Etwas komplizierter wird das Thema Taktik bei der Entscheidung, ob **Manndeckung** oder **Raumdeckung** gespielt werden soll. Wir haben das Thema bereits an anderer Stelle behandelt, deshalb hier nur so viel: Raumdeckung gilt als anspruchsvoller und interessanter. Auch nicht unbedingt etwas, bei dem sich Männer Mühe geben. Im Zweifelsfall greifen Trainer also gern auf das bewährte Muster »Mann gegen Mann« zurück, welches wir auch aus Cowboyfilmen kennen. Zwei schauen grimmig, wuseln umeinander herum, reizen sich aus, messen sich, kämpfen… alles gut und schön, aber beste Fußballunterhaltung ist das nicht. Auch dann nicht, wenn Trainer wie Uwe Rapolder hinterher treuherzig verkünden: »Wir waren in Zweikämpfen in der Überzahl.«

Richtig schwierig sind dann taktische Vorgaben wie **Dreier-** und **Viererkette**, **Riegel**, **Kick and Rush, Konterfußball** – und zu guter Letzt die **Abseitsfalle**. Nicht umsonst sind schon ganze Bücher über einzelne dieser Themen geschrieben worden, teilweise sogar mit philosophischem Anspruch. Dabei verbergen sich hinter den so kryptisch anmutenden Bezeichnungen im Prinzip ganz einfache Systeme – vorausgesetzt, man hat sie einmal verstanden.

Dies ist bei **Kick and Rush** noch relativ nahe liegend – beschreibt diese Taktik doch eigentlich nichts anderes, als den Ball möglichst weit ins gegnerische Feld zu schlagen und schnell hinterherzurennen. Immerhin erhöht diese Spielvariante eindeutig die Anwesenheit vor dem gegnerischen Tor. Wie der Name bereits verrät, kommt Kick and Rush aus England und wird dort auch immer noch gepflegt.

Nicht zu verwechseln ist Kick and Rush mit dem **Konterfußball**. Ein Konter ist eine Art Tempo-Gegenstoß, der den Gegner überrascht, da dieser sich noch in einer Angriffsphase befindet. Doch was für ein Pech, er hat den Ball verloren – und plötzlich stürmen der oder die Angriffsspieler des eben noch bedrängten Teams in großem Tempo auf das Gegentor zu, das leider gerade nicht so gut verteidigt ist, da man sich ja im eigenen Angriff wähnte. Der Konter ist die Königsklasse im Fußball, da er Spiele öffnet, schneller (und spannender!) macht und mehr Torchancen bringt. Das sieht auch Karl-Heinz Rummenigge so: »Wenn die deutsche Mannschaft schnell kontert, dann hat sie sicherlich Konterchancen.« Wie weise.

Guten Konterfußball kann eine Mannschaft aber nur spielen, wenn die Absprache untereinander funktioniert und sprintstarke Sturmspitzen dann auch tatsächlich aus Verteidigungssituationen heraus gezielt angespielt werden. Absprachen müssten dabei mit allen Sinnen getätigt werden, denn während des Spiels ist für Teezeremonien keine Zeit. Doch die Spieler schreien sich an oder etwas zu, und die anderen Sinne, wie zum Beispiel Hören und Sehen, werden eher vernachlässigt. Kleine wie große Männer schreien gerne. Es muss ihnen ein Lustgefühl im Bauch und im Gaumenbereich vermitteln. Es ist jedoch problematisch, wenn einer schreit, aber keiner hört. Darum ist guter Konterfußball eher selten.

Fehlt noch das Thema **Abseits**. Wohl kaum eine Frage erhitzt im Fußball die Gemüter so sehr wie die, ob ein Spieler nun wirklich im Abseits stand oder nicht. »Kannst du auch Abseits erklären?«, ist mit Sicherheit die erste Frage, die eine Fußballbraut beantworten muss. Heerscharen von Fußballbräuten fürchten sich seit Jahren vor diesem Thema. Atmen Sie durch, eigentlich ist alles ganz einfach.

Ein Spieler steht genau dann im Abseits, wenn er der gegnerischen Torlinie näher ist als der Ball und der vorletzte Abwehrspieler. Der vorletzte Abwehrspieler deshalb, weil der letzte ja normalerweise der gegnerische Torwart ist, der sein Tor bewacht.

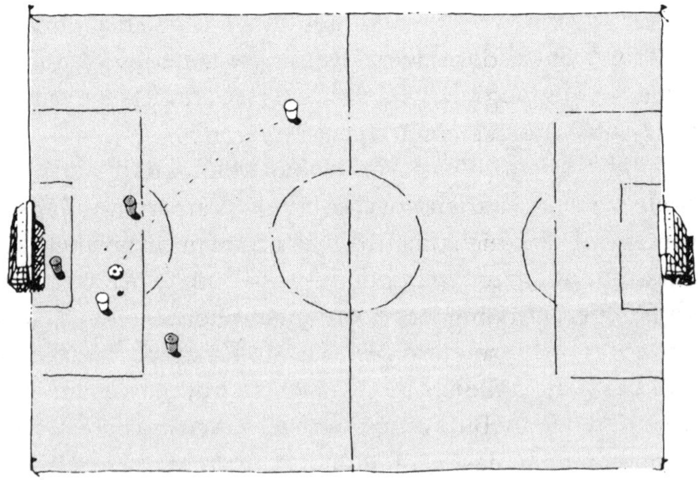

Verstanden? Wenn nicht, macht das nichts. Keiner kann Abseits richtig und vollständig erklären, geben Sie also diesbezüglichen Ehrgeiz auf. Wir hatten auch kurz überlegt, bei dieser Regel einfach zu schreiben: »Dafür finden wir auch keine erklärenden Worte.« Aber dann sind wir durch Dribbeln der Sache ein bisschen näher gekommen. Und wir haben uns Gedanken gemacht, was Sie antworten könnten, wenn Sie mal wieder nach genau dieser Regel befragt werden und nicht antworten wollen:

- Spannendes Thema. Meine Arbeit darüber wird gerade ins Japanische übersetzt.
- Abseits… schwierig zu erklären, ich müsste da vorher etwas mehr über deine Familie wissen.
- Ich spüre schon länger, dass du mit mir Kontakt suchst, wir brauchen uns nicht mit langweiligen Themen aufhalten.
- Das ist ja nett, dass du mich das fragst. Und wo warst du letzten Sonntag?
- Ich kenne auch einen tollen Witz. Warte…

Blöde oder provozierende Fragen kontert man auch gut mit Gesten. Vielleicht lächeln Sie einfach und zwinkern mit einem Auge. Oder Sie hauchen nur: »Süüß!« Männer können damit nicht umgehen und sind irritiert. Sie warten auf eine Antwort, eine klare Antwort – und die kommt nicht. Reaktionen wie die oben genannten kann man unter dem Wort »Taktik« verbuchen. Haben wir Ihnen ja schon gesagt. Männer können das nicht, und deswegen wirft man sie mit solchen Reaktionen ganz fix aus der Bahn. Für diejenigen, die noch immer Abseits verstehen wollen, kommen jetzt ein paar Hintergrundinfos.

Die Tatsache, dass ein Spieler im Abseits steht, ist an sich kein Grund für den Schiedsrichter, zu pfeifen. Bestraft wird der Kicker nämlich erst dann, wenn der Ball im Besitz seiner Mannschaft ist und er *aktiv* am Spiel teilnimmt, indem er selbst ins Spielgeschehen eingreift oder aus seiner Stellung an vorderster Front einen spielerischen Vorteil zieht. Noch immer nicht richtig klar?

Also dann noch mal anders ausgedrückt: Befindet sich der Spieler im Abseits (was per se kein Vergehen ist), darf er den Ball nicht spielen, wenn dieser *zuletzt* von einem Spieler seiner eigenen Mannschaft berührt wurde, oder wenn der Ball vom Torpfosten, der Querlatte oder einem gegnerischen Spieler abprallt. Dies gilt allerdings nicht bei Abstößen, Einwürfen und Eckbällen. Ertönt der Abseitspfiff, bekommt die gegnerische Mannschaft einen indirekten Freistoß. Neuerdings wird hier übrigens so gespielt, dass der Linienrichter erst sein Fähnchen hebt, wenn ein im Abseits stehender Spieler den Ball *tatsächlich angenommen* hat. Der Schiedsrichter pfeift dadurch deutlich später ab – was viele Spieler, Trainer und Zuschauer nicht gut finden und entsprechend heiß darüber diskutieren. Man darf gespannt sein, wann es hier wieder zu einer Neuregelung kommt.

Klar, dass eine derart umfangreiche Regel (die zudem immer wieder verändert wird) taktisch denkende Trainer und Spieler zu ganz eigenen Spielzügen inspiriert. Die so genannte **Abseitsfalle** gehört dazu: eine gemeine Finte, mit der eine Mannschaft gezielt gegnerische Spieler ins Abseits lockt, indem die gesamte Verteidigerkette plötzlich unerwartet vorrückt. »Meine Mannschaft ist 15- oder 16-mal ins Abseits gerannt. Das haben wir auch die ganze Woche geübt«, ärgert sich Trainer Manfred Krafft genau darüber, wobei natürlich nicht ganz klar ist, was er da mit seinen Mannen geübt hat.

Es gibt allerdings einen kleinen Haken: Erkennt der Gegner die geplante Abseitsfalle, ist er wiederum in der Lage, durch kluge Pässe einen Konter einzuleiten – und dann nützt die beste Taktik nichts.

Wie Sie sehen, fällt es sogar den Spielern selbst schwer, mit dem Abseits richtig umzugehen. Von daher brauchen Sie sich wirklich keine Gedanken zu machen, wenn es mit der verständlichen Erklärung auf Anhieb nicht klappt! Und ein Trost noch zum Abschluss: Bei einer Schnellumfrage im männlichen Bekanntenkreis stellte sich heraus, dass sogar Fußballspezialisten beim Thema Abseits ins Stottern kamen.

Bleiben noch Ketten und Riegel, die den eigenen Strafraum dichtmachen. Die Bezeichnungen **Dreier-** und **Viererkette** meinen im Prinzip nichts anderes als die Anzahl der Verteidiger auf einer Linie. Bei der Viererkette fallen dann die Positionen Libero und Vorstopper zugunsten von zwei zusätzlichen Innenverteidigern weg – heute bei vielen Mannschaften üblich und leider nicht besonders aufregend. Und mit rechten Dingen geht es dabei offenbar auch nicht zu, wie Kommentator Gerd Rubenbauer anschaulich macht: »Die Mannschaft hat ihren Libero aufgelöst – jetzt hat sie einen Mann mehr auf dem Platz.« Außerdem scheinen längst nicht alle Spieler das Prinzip begriffen zu haben, glaubt man Ex-Leverkusen-Trainer Klaus Augenthaler (»Wenn der Kopf nicht da ist, sondern nur eine Hülle, dann ist es egal, ob du mit einer Viererkette spielst oder einer

Schneekette«) und seinem ehemaligen Spieler-Kollegen Karl-Heinz Rummenigge (»Viele können nicht unterscheiden zwischen Viererkette und Fahrradkette«).

Noch schlimmer ist der **Riegel**, den zunächst vor allem die Italiener perfektionierten (daher auch die oft übliche italienische Bezeichnung »catenaccio«): Da wird dann einfach noch das Mittelfeld mit nach hinten gezogen, um den gegnerischen Sturm buchstäblich gegen die Wand laufen zu lassen. Im Prinzip effektiv, aber als Spielweise todlangweilig.

Fazit: Die viel beschworene Taktik bringt die Würze ins Spiel – aber nur, wenn ein Trainer sich ab und zu auch mal von altbewährten Mustern löst und etwas Neues wagt. Und wenn er sich dazu Hilfe von seiner Frau holt, nicht wahr, Herr Seeler? Auf die Frage, welche Taktik er dem Bundestrainer Helmut Schön im Endspiel der WM 1974 gegen Holland vorschlagen würde, hatte dieser nämlich etwas stotternd geantwortet: »Das ist keine leichte Frage! Da müssen Sie meine Frau fragen – das ist allein Sache des Bundestrainers!«

»Sie spielen taktisch gut, obwohl sie ohne Taktik spielen.« Trainer Udo Lattek

Das kommt vor, allen Theorien zum Trotz. Denn Taktik zu vereinbaren und sie dann auch vereint umzusetzen sind zwei Paar (Fußball-)Schuhe! Eine konsequent gespielte Taktik erfordert ein Höchstmaß an Aufmerksamkeit und interner Abstimmung, was nicht immer ohne weiteres klappt. »Wir haben ein Abstimmungsproblem – das müssen wir automatisieren«, stellte bereits Berti Vogts als Nationaltrainer fest. Ob sein Ende als Bundescoach mit der Automatisierung der Kommunikations*un*fähigkeit zu hatte?

Offenbar sind viele taktische Anweisungen von Trainern, vor allem wenn sie im Spielverlauf erfolgen, nicht ganz eindeutig: »Entweder ich gehe links vorbei oder ich gehe rechts vorbei« (Fußball-Profi Ludwig Kögl). Oder sie führen zu merkwürdigem Spieler- beziehungsweise Beobachterverhalten (»Im Mittelfeld gibt es eine Konservation von Spielern«), wie von Ko-Kommentator Günter Netzer haarscharf erkannt.

Ganz besonders problematisch wird es in puncto Taktik beim Thema »Abseits«. Klar, wenn nicht einmal Schiedsrichter, Linienrichter und Spieler hier einer Meinung sind, wie sollen es dann die Zuschauer sein? Dabei gibt es ganz praktische Eselsbrücken, die den überraschten Zuschauern möglicherweise helfen können, den umstrittenen Tatbestand selbst eindeutig zu identifizieren. Trainer Hennes Weisweiler hatte einen besonders prägnanten Hinweis (ist allerdings schon ein paar Jahre her): »Abseits is, wenn dat lange Arschloch zo spät abspielt.« Gemeint war übrigens Günter Netzer. Doch auch jüngere Beispiele zeigen, wie sehr man sich hier auch für die Fernsehzuschauer um mehr Klarheit bemüht: »Dass er im Abseits stand, können Sie an den Streifen im Rasen erkennen, die nach FIFA-Regeln gemäht wurden« (Johannes B. Kerner). Alles klar?

Zugegeben: Egal, mit wem wir über das Thema Taktik im Vorfeld dieses Buches gesprochen haben – jeder, wirklich jeder hatte seine eigene Theorie. Mannschaftsaufstellungen und das Abwägen von Sturmspitzen im Verhältnis zur Abwehr sind ein heiß diskutiertes Thema, seit es Fußball gibt. Von daher werden wir uns hüten, eine weitere These in den Raum zu stellen. Wir möchten Sie aber dazu ermutigen, im Wissen um die wichtigsten taktischen Elemente (die es natürlich in unzähligen Variationen gibt) von nun an wichtige Fußballspiele mit einem etwas anderen Blick zu verfolgen, denn das macht richtig Spaß. Warum? Weil Sie eine Frau sind und daher mit Raffinesse und Taktik geboren. Und glauben Sie uns: Wenn Sie das erste Mal eine Abseitsfalle bereits im Ansatz erkannt haben, wird Sie ein Gefühl tiefster Befriedigung durchfluten. Zu Recht.

Ganz sicher werden Sie sich dann auch nicht mehr wundern, wenn die Verlierermannschaft im Anschluss an das Spiel Dinge verlauten lässt wie: »Zum Glück ist die Mannschaft nach dem Spiel besser ins Spiel gekommen« (Andy Brehme).

DAMIT KÖNNEN SIE GLÄNZEN!

Schon mal was von einer »schottischen Furche« gehört? Wir auch nicht, ehe wir dieses Buch geschrieben haben. Kommt aber gut an, sich hier als Fachfrau zu erkennen zu geben! Also: Mit der »schottischen Furche« bezeichnet man ein Spielsystem, bei dem zwei Abwehrspieler den Torwart unterstützen, drei Spieler im Mittelfeld arbeiten und fünf Sturmspitzen den Gegner mit geballter Kraft unter Druck setzen (2-3-5). Sie wurde übrigens 1877 das erste Mal gespielt – und ist heute nur noch selten zu sehen. Leider.

Der Begriff »Abseits« hat eine lange Geschichte. In den 60er Jahren des 19. Jahrhunderts, als man in England die ersten Grundregeln für den Fußball zusammentrug, war man sich lediglich darüber einig, dass es irgendwie nicht in Ordnung ist, hinter dem Rücken des Gegners ein Tor zu schießen. Die heutige Abseitsregel entstand erst 1925: Damals versuchte man so, dem reinen »Kick and Rush«-Fußball ein wenig entgegenzuwirken, was richtig gut klappte. Denn mit dem reinen Gebolze auf das Tor des Gegners war nun Schluss – zu schnell wurde wegen Abseits abgepfiffen. Das erstaunliche Detail: Mit der Abseitsregel stieg auch die Zahl der Tore! Denn nun mussten die Spieler sich plötzlich Gedanken um den ganzen Spielaufbau machen, den Ball besser kontrollieren und den Raum regelrecht erobern. Dem Sport selbst hat es gut getan, auch wenn Ihr Liebster das manchmal ganz anders sieht. In der Schweiz sagt man zu »Abseits« übrigens immer noch »Offside« wie damals in England. Und am Ende ist die Regel wohl nie – erst kürzlich wurde sie (wieder einmal) verändert.

Ach ja, noch etwas: Die Hände/Arme eines Spielers können nicht im Abseits sein! Was zählt, um die Position genau zu bestimmen, sind Füße, Körper und Kopf.

SO PUNKTEN SIE BEI IHREM LIEBSTEN!

- Das Wichtigste zuerst: Zeigen Sie ihm bei nächster Gelegenheit, dass Sie wissen, was »Abseits« ist. Denn landläufig herrscht immer noch die Meinung, dass Frauen gar nicht in der Lage sind, Abseits zu begreifen, was natürlich Quatsch ist. Immerhin geht es auch hier um das unerwünschte Übertreten von imaginären Grenzen, um daraus einen hinterlistigen Vorteil zu ziehen – ein Verhalten, das vielen von uns aus dem Berufsleben, manchmal sogar aus dem privaten Umgang mit Männern, bekannt sein dürfte. Von daher sind wir als Frauen prädestiniert dafür, Abseitsvergehen zu erkennen!
- Wenn Sie sich in Sachen Abseits einigermaßen sicher sind, versuchen Sie doch einfach einmal schneller zu sein als der Kommentator im Fernseher. Ein trocken in den Raum geworfenes »Abseits«, ehe die schlaue (und zeitlupengestützte!) Analyse aus dem Off kommt, sorgt garantiert für ein anerkennendes Nicken – oder zumindest für ein erstauntes Zucken.
- Nur selbst sollten Sie sich nicht ins Abseits stellen! Also bitte von Belehrungen absehen und lieber nachfragen, wenn Sie anderer Meinung sind als er. Denn leider, leider gibt es eine ganze Reihe Spielsituationen, in denen doch wieder alles ganz anders ist…

Die Technik

»Erste Pass gleich scheiße.«

Frankfurt-Trainer Dragoslav Stepanovic war ziemlich genervt, als er dies feststellte – schließlich misslang hier einem seiner Schützlinge etwas, das zu den absoluten Grundlagen der Fußballtechnik gehört: der **Pass**. Womit wir bei der Technik wären. Damit ein Fußballer als guter Techniker gilt, ist Ballbeherrschung in möglichst jeder Spielsituation angesagt. Und das bedeutet konkret: Er muss in der Lage sein, den Ball gut zu spielen (passen), muss sowohl mit Innenrist und Außenrist als auch dem Spann den Ball schießen können. Innenrist, Außenrist und Spann sind Teile des Fußes. Wenn Sie nicht wissen welche, fragen Sie die Fußpflegerin Ihres Vertrauens. Egal, wie der Ball zu ihm kommt, sollte er ihn kontrolliert mit Körpereinsatz (ohne Arme oder Hände!) oder mit dem Fuß stoppen beziehungsweise annehmen können. Klingt nicht schwer, ist es aber. Was im Training oft ganz leicht aussieht und manchmal eher an Schulsport erinnert als an Leistungssport, ist im wirklichen Spielgeschehen eine Kunst.

Im Spiel muss das Ganze unter Stress, im Lauf oder in engen Spielsituationen mit einer reibungslosen Auge-Fuß-Koordination funktionieren, sonst geht es schief. Die Anforderung ist »endlich einer, der auch mal mit den Füßen denkt«, wie Kommentator Gerd Rubenbauer es einmal auf den Punkt brachte.

Die wichtigsten Techniken, die ein Fußballer beherrschen muss, sind **Pässe** und **Doppelpässe** in allen Variationen, **Dribblings**, **Finten** (Täuschungsmanöver), **Kopfbälle**, **Flanken**, alle Arten der **Ballannahme** und Wiederabgabe und das **Grätschen**. Zu den verschiedenen Schussarten ist eigentlich nicht viel zu sagen, sie erklären sich aus ihrer Bezeichnung von selbst: Weitschüsse sind beim Abschlag vom Tor üblich und kurze Pässe, wenn es eng wird. Flanken nennt man die Bälle, die von den Außenstürmern ins Mittelfeld geschossen werden, um günstig stehende Stürmer zu bedienen oder Kopfbälle zu provozieren, wie zum Beispiel Bundesliga-Profi Walter Schachner es beschreibt: »Ich blickte kurz auf und banante [sic!] den Ball zur Mitte.«

Im Idealfall werden gelungene Ballabgaben von den Kommentatoren verbal honoriert (»Das war ein trockener saftiger Flachschuss«, Werner Hansch), geht es mal schief, folgt der Spott auf dem Fuße (»Unsere Spieler können 50-Meter-Pässe spielen: fünf Meter weit und 45 Meter hoch«, Trainer Uwe Klimaschewski).

Doppelpässe hingegen bedürfen schon einer umfassenden Absprache, damit sie klappen, da der Ball im Lauf mehrmals zwischen zwei Spielern hin und her gewechselt wird, um den Gegner auszutricksen. Das Publikum liebt diese Variante, bringt sie doch immer Tempo ins Spiel.

Die Könige des Spielfeldes sind jedoch die Dribbler, vorausgesetzt, sie verdribbeln sich nicht. **Dribbeln** meint zunächst nichts anderes als das Laufen mit dem Ball, ist aber in Höchstform eher eine Art »Tanz mit dem Ball«. Bei Ballkünstlern wie dem legendären Argentinier Diego Maradona mutierte das Dribbeln zu einem fast schon an Zauberei grenzenden Nacheinander von Tempowechsel, Zickzacklauf, Hackentricks, Finten und einer allgemeinen Körperbeherrschung, die ihresgleichen suchte. Dribbeln kann richtig sexy aussehen. Männer wie Frauen kleben mit den Augen an diesem Spieler, der so akrobatisch das Bällchen sehen lässt und dann wieder nicht. Maradona wird oft kopiert, aber nie so richtig kapiert, wie wir bei unseren Analysen beobachten konnten.

Überhaupt zählen gerade das Dribbeln und die damit verbundenen Täuschungsmanöver zu den spielentscheidenden Faktoren, die eher von südamerikanischen Spielern beherrscht werden. Das erkannte auch Andy Brehme: »Die Brasilianer sind ja auch alle technisch serviert.« **Grätschen** hingegen werden eher den deutschen Spielern nachgesagt. So stellte Bundesliga-Neuzugang Adhemar nach seinen ersten Spielen fest: »Die Spieler sind sehr groß. Und immer grätschen, grätschen, grätschen. Alle grätschen hier immer.« Bei einer Grätsche schiebt sich ein Spieler mit vorgeschobenem Bein in den Lauf eines angreifenden Gegners – offiziell, um den Ball so zu erwischen. In der Realität führen Grätschen allerdings oft zu unschönen Fouls, da der Gegner in den meisten Fällen zu Fall gebracht wird. Die hohe Verletzungsanzahl hat hier deswegen den Begriff »Blutgrätsche« geprägt und dieser Technik ein eher negatives Image gegeben. Der Schiri-Pfiff ist danach sicher. Zu Recht, finden wir.

Zur Technik eines Fußballspiels gehört auf jeden Fall der professionelle Umgang mit so genannten **Standard-Situationen**. Das sind **Anstöße** (bei Spielbeginn oder nach Toren von Mittelpunkt aus), Abstöße vom Tor, **Eckbälle** vom markierten Eckpunkt (wenn der Ball von einem Spieler ins eigene Toraus befördert oder von ihm ärgerlicherweise als Letztes berührt wurde, ehe er hinter die Linie kullerte) oder auch **Einwürfe**. Einwürfe sind die merkwürdigen Bälle, die von Spielern von der Seitenlinie aus über Kopf »eingeworfen« werden. Sieht aus wie eine Turnübung in der ersten Klasse, ist aber gar nicht so einfach. Wer es selbst einmal probiert, wird sehen, dass man einiges dafür tun muss, damit der Ball nicht nur über den Kopf kommt, sondern auch weit fliegt. Einwürfe sind übrigens immer dann fällig, wenn der Ball von einem gegnerischen Spieler ins Seitenaus gekickt wurde.

»Das war ein ziemlich schwacher Fehlpass.«
Heribert Faßbender

Da Sie ja nun schon etwas geübt in Sachen Fußball sind, ist Ihnen vermutlich sofort klar gewesen, dass Eckbälle und Einwürfe vor allem zu Unstimmigkeiten darüber führen, wer denn nun wirklich als Letzter das Leder berührt hat. Darum geht es bei den meisten Diskussionen – und sicherlich auch oft dann, wenn Ihr Herzstück in wütendes Geschimpfe ausbricht. Die Linienrichter sind in diesem Falle meist die Übeltäter, schwenken sie doch ihr Fähnchen zugunsten der einen oder anderen Seite.

Bei klassischen technischen Details ist das Bild nicht so einheitlich: Je nachdem, ob ein Fußballfan ein Freund von dribbelstarkem Fußball ist oder lieber auf temporeiche Pässe steht, wird er die Leistung von Mannschaft und Spielern honorieren. Was der eine als »gut gemeinten Versuch« oder »im Ansatz gut« empfindet, ist für den anderen Selbstverliebtheit eines einzigen Spielers oder eine vertane Chance. Einig ist sich die Fußballgemeinde eigentlich nur bei Fehlpässen – die sind immer schlecht. Gute Pässe hingegen provozieren allenfalls ein lapidares »gut gesehen«, gehören aber ansonsten (zu Recht!) zum Normalprogramm eines hoch bezahlten Kickers. Logisch, dass das auch Ex-Profi und Trainer Bernard Dietz erwartet und deswegen erklärt: »Wenn ein 16-Jähriger, der mit Ach und Krach unfallfrei den Ball stoppen kann, mit drei Beratern erscheint, um einen Millionenvertrag auszuhandeln, ertrage ich das einfach nicht.« Dietz ist dann übrigens von den Profis zu den Amateuren gewechselt … bei denen ist Fußball manchmal spannender als auf dem goldenen Rasen.

DAMIT KÖNNEN SIE GLÄNZEN!

Deswegen wird es Sie nun auch nicht verwundern zu erfahren, dass die besten Techniker, also jene Spieler, die mit ihrem Ballgefühl auf dem Spielfeld für Wellen der Begeisterung sorgen, ihr Können oft gar nicht im Verein erlernt haben! Gerade Südamerikaner, die gut aussehend, bravourös und erfolgreich kicken, haben ihr Spiel auf der Straße trainiert. Einige von ihnen stammen aus Armenvierteln, und das eng geknüpfte Netz von Fußballvereinen war ihnen fremd. Sie spielten mit Freunden aus Lust und Liebe. Und da in den

Armenvierteln kaum Platz ist, denn die Plätze sind zugestellt, die Straßen belebt, lernten diese Spieler auf extrem engem Raum mit dem Ball spielen – ein Resultat sind diese wunderbaren Tanzeinlagen.

Eines der schlimmsten Fouls in der deutschen Fußballgeschichte wurde vom Bremer Kicker Norbert Siegmann 1981 begangen – und zwar mit einer Grätsche: Er schlitzte dabei dem gegnerischen Stürmer Ewald Lienen, der damals bei Bielefeld spielte, den Oberschenkel über eine Länge von 25 Zentimeter auf. Siegmanns Trainer Otto Rehhagel erhielt darauf angeblich Morddrohungen und soll beim Rückspiel in Bielefeld eine kugelsichere Weste getragen haben.

SO PUNKTEN SIE BEI IHREM LIEBSTEN!

- Finden Sie zunächst heraus, welche Art von Fußball Ihrem Partner besser gefällt: das temporeiche Spiel mit langen Pässen oder die spielerische Variante mit möglichst vielen Dribbling-Einlagen? Hinterfragen Sie seine Meinung – vielleicht stellen Sie ja fest, dass er selbst einmal als Ballkünstler seines Jugendvereins galt. Dann wäre doch eine kleine Vorführung angebracht, die Sie selbstverständlich gebührend honorieren.

- Wenn er sich mit Fußballtechnik gut auskennt, sollten Sie ihn gezielt nach einzelnen Spielzügen fragen. Erstens schärft das in der Tat Ihren Blick – und zweitens wird er sich über die Anerkennung, die Sie ihm damit zollen, freuen.
- Er hat viel Ahnung vom Fußball und scheint sogar in Sachen Technik gut bewandert zu sein – spielt aber nicht aktiv? Schlagen Sie ihm doch vor, in einer Freizeitmannschaft zu spielen oder sich regelmäßig mit Freunden und/oder Söhnen (vielleicht auch weiblichen Mitstreitern?) zum Bolzplatz-Kick zu treffen. Denn davon profitieren Sie beide: er, weil er etwas für Körper und Seele tut; Sie, da Sie nun einen freien Nachmittag oder Abend gewinnen – und Sie beide, da Sie wieder einmal etwas für ein tolerantes und harmonisches Miteinander getan haben!

Die Fernsehübertragung

»Halten Sie die Luft an, und vergessen Sie das Atmen nicht.«

Ob sich wohl irgendein Zuschauer vor dem Fernseher dieser Anweisung von Johannes B. Kerner gefügt hat? Immerhin hört die Nation zu, wenn unsere Kommentatoren ihr manchmal eindrucksvolles Fachwissen von sich geben.

Doch zugegeben: In der Regel sind Fußballkommentare hilfreich und informativ – vor allem bei Live-Übertragungen. Denn ausgerüstet mit viel Background-Informationen und aktuellen News liefern uns die meist männlichen Kommentatoren all das, was wir am Bildschirm auf den ersten Blick nicht sehen können oder bislang noch nicht wussten. Es gibt allerdings ein paar durchaus problematische Gebiete. So sorgen geografische Statements wie »Kamerun – beste Mannschaft Europas!« (Marcel Reif), »Die Franzosen sind ja gute Engländer geworden« (Reinhold Beckmann), »Wie der Afrikaner lebt, so spielt er auch Fußball« (Berti Vogts als Ko-Kommentator) oder »Der Argentinier lebt in Zyklen« (Ko-Kommentar von Günter Netzer) immer wieder für reichlich Verwirrung.

Auch Biologie zählt nicht gerade zu den Spezialgebieten unserer Kommentatoren und deren Assistenten, wie die nachfolgenden Beispiele eindrucksvoll beweisen: »In Leverkusen schielen heute alle auch mit den Ohren nach Bochum« (Oliver Koch), »Dressels Beitrag zum Mozart-Jahr: ein Foul aus dem Knöchelverzeichnis« (Werner Hansch) oder »Ja, der Rücken ist die Achillesferse des Körpers« (Lothar Matthäus).

Manchmal fragt man sich als mündiger Zuschauer auch, ob man nicht schlicht und ergreifend für dumm verkauft wird, wenn einem Marcel Reif erklärt: »Die Spieler von Ghana erkennen Sie an den gelben Stutzen«, oder Waldemar Hartmann sein grammatikalisches Know-how einfließen lässt: »Nun ist ›Druck‹ ja ein Verb, das im Fußball sehr häufig verwendet wird.« Dennoch: Die Fernsehübertragung bringt den Fußball ins heimische Wohnzimmer und ist daher ein wichtiger Faktor für die traute Zweisamkeit. Umso wichtiger, dass Sie damit umzugehen wissen.

Zur Fernsehübertragung gehören unweigerlich auch **Zeitlupe** und **Statistik**. Die Zeitlupe ist nichts anderes als die Wiederholung einer wichtigen Spielszene (oft eines Tores) in stark verlangsamter Bewegung. Auf diesem Weg kann auch der Zuschauer vor dem Fernseher alles ganz genau erkennen – und vor allem nachträglich analysieren und infrage stellen. Denn Zeitlupen entlarven gerne auch mal Fehlentscheidungen der Unparteiischen, versteckte Fouls oder Schwalben. Und sie werden natürlich ausführlich aus dem Off kommentiert, was nicht immer gut geht, wie einst bei Werner Hansch: »Und jetzt kommt die Zeitlupe, da sehen Sie, wie schön Andreas Herzog den Lars Ricken nach allen Regeln der Kunst entbeint.« Wie bitte?

Die Zeitlupe ändert an einer Entscheidung des Schiedsrichters nichts mehr. Deswegen ist besonders dann das Aufbegehren (»Ungerecht!«, »Das sieht man doch genau!«) groß. Man sieht es genau … aber eben in der Zeitlupe, und die haben Spieler und Schiedsrichter nicht zur Verfügung. Ohne sie gäbe es vermutlich nur die Hälfte aller anschließenden Diskussionen. Zudem wird die Zeitlupe gezeigt, während das Spiel läuft. Durch die Slow-Motion-Wiederholung verpassen die Fernsehzuschauer so manches weitere Tor, und das führt dann zu richtig großem Ärger. Andererseits hilft die Zeitlupe dem Zuschauer, wichtige Szenen überhaupt zu erkennen und zu verstehen. Von daher hat sie ihre Berechtigung. Aber so richtig recht machen kann man es wohl keinem.

Gerne jonglieren Kommentatoren auch mit **Statistiken**,

die während des Spiels an unpassenden Stellen eingeblendet werden. Da werden dann wichtige Fragen erörtert, wie hoch beispielsweise die Zahl der verschossenen Freistöße ist, wie oft ein Stürmer vor dem gegnerischen Tor aufgetaucht ist oder welche Mannschaft öfter in der Hälfte des Gegners war. Meist haben die Zahlen nur wenig mit dem Spiel zu tun, sind aber für viele Fachleute eine wichtige Hilfe für mehr oder weniger kluge Statements. Allerdings nicht immer, wie wiederum Werner Hansch einmal deutlich machte: »Ja Statistiken. Aber welche Statistik stimmt schon? Nach der Statistik ist jeder vierte Mensch ein Chinese, aber hier spielt gar kein Chinese mit.« Bestechend logisch.

»Das war nicht ganz unrisikovoll.«

Genau. Und wir sind mitten drin im Thema. Denn ein solcher Kommentar, wie ihn Karl-Heinz Rummenigge einmal abgab, macht das Dilemma der Fernsehübertragung deutlich: Kommentatoren sind auch Menschen – und damit auch Fußballfans. Das bedeutet, dass sie mit an Sicherheit grenzender Wahrscheinlichkeit persönliche Lieblingsspieler und Favoriten haben, also Spieler, Mannschaften oder Nationalteams, die sie stets besonders wohlwollend betrachten. Um aber nur nicht in den Ruf der Voreingenommenheit zu kommen, bemühen sie sich krampfhaft um Ausgewogenheit und Neutralität, was dann zu solchen kaum nachvollziehbaren Aussagen führt. Oder wüssten Sie auf Anhieb, ob Rummenigge nun ein Risiko sieht oder nicht?

Ziemlich peinlich wird es, wenn ein Moderator versucht, Allgemeinplätze hinzuzuziehen, um möglichst verständlich zu bleiben – so geschehen bei Jörg Wontorra: »Freistöße sind wie das wirkliche Leben: mal weich und kurz, mal hart und lang.« Sehr aufschlussreich.

DAMIT KÖNNEN SIE GLÄNZEN!

Die allererste Fernsehübertragung eines Fußballspiels fand bereits 1939 statt – allerdings mit begrenzter Zuschauerzahl. Als damals im November Deutschland gegen Italien antrat, waren nämlich nur knapp 500 Fernsehgeräte in Deutschland verkauft. Richtig los ging es erst in den 50er Jahren – und spätestens seit der WM 1954 (die Deutschland ja gewonnen hat, Sie erinnern sich, das »Wunder von Bern«) gehört die Fernsehübertragung wichtiger Spiele einfach dazu.

Folgerichtig ist auch der Siegtreffer jener WM, das 3:2 durch Helmut Rahn kurz vor Abpfiff, der in unserem Land vermutlich am häufigsten wiederholte Spielausschnitt aller Zeiten. Und hier noch einmal unser Tipp: Unbedingt den Kinofilm anschauen!

SO PUNKTEN SIE BEI IHREM LIEBSTEN!

- Unterbrechen Sie eine Fernsehübertragung nie durch »unpassende« Zwischenfragen à la »Sollen wir uns morgen mit Klaus und Petra treffen?« Sie haben es doch selbst gesehen: Fußball im Fernsehen erfordert höchste Konzentration, um alles zu erkennen, bei den Kommentaren die Spreu vom Weizen zu trennen – und dann auch noch nichts Wichtiges zu verpassen!
- Wenn ihn jedoch ein Kommentar oder eine Zeitlupe erbost oder zu verständnislosem Kopfschütteln animiert, fragen Sie ruhig nach. Möglicherweise hilft es ihm, seinen Frust loszuwerden.
- Hören Sie sich einmal am Samstagnachmittag die »Konferenzschaltung« im Radio an – eine Sendung, in der sämtliche Bundesligaspiele mit Vor-Ort-Reportagen übertragen werden, und zwar in den letzten Spielminuten. Wir sind uns sicher, dass Sie dann nachfühlen können, wie spannend das Geschehen um den Lederball sein kann. Und diese positive Grundhaltung wird es Ihnen in Zukunft erleichtern, mit der Anspannung Ihres Liebsten umzugehen. Die Moderatoren müssen sich hier richtig Mühe geben, denn die Zuhörer haben ja kein Bild. Deswegen sind für uns Radioübertragungen und Schlusskonferenzen noch »richtig guter Fußball«.

- Schenken Sie ihm bei nächster Gelegenheit (wenn er sie nicht schon hat) die O-Ton-Sammlung »5 Jahrzehnte im Fußball« vom Hessischen Rundfunk als Hör-CD. Ein tolles Geschenk für Fußball-Freaks!
- Fragen Sie ihn, warum immer alle Insider grinsen, wenn der Satz fällt »Das erste Tor ist bereits gefallen.« (Kleiner Tipp: Hat was mit einer ungewöhnlichen Spielunterbrechung zu tun.) Sie werden eine ganz und gar unglaubliche Geschichte hören, garantiert! Und Sie werden gemeinsam lachen können. (Und wenn Sie es nicht abwarten können – wir erzählen es Ihnen im Anhang)

Und das sagen die Profis – Statements von cleveren Kids

Julius, Dennis und Tom Carlos, 12, 13 und 14 Jahre, sind typische **Nachwuchs-Fußball-Fans.** Tom Carlos und Julius kicken nur in ihrer Freizeit, während Dennis schon heute als großes Talent gilt und im Verein spielt.

Darüber reden können allerdings alle drei erstaunlich engagiert und einträchtig.

Was sind die größten Fauxpas (rote Karte!), die eine Freundin/ein Mädchen beim Fußballschauen vor dem Fernseher begehen kann?
- Einfach umschalten.
- Reinrufen.
- Alles besser wissen.
- Vom Spiel ablenken.

Was bringt euch demgegenüber zum (positiven) Staunen?
- Cola kaltstellen.
- »Halbzeitservice«.
- Einfach die Klappe halten.

Schaut ihr Fußball lieber getrennt (also ohne Mädels) – um später zusammen zu feiern?
Lieber getrennt – später gibt's dann eine Party.

Gibt es bestimmte Regeln auf der Couch (Essen, Verhalten, Gemütlichkeit)?
Verboten ist die Frage »Welcher ist der Ballack?«…
… und die Fernbedienung bleibt schön bei uns.

Wie wichtig sind eurer Meinung nach Fußballregelkenntnisse für Mädchen?
Unwichtig (sie fragen ja sowieso immer!).

Darf ein Mädchen während des Spiels nach Regeln fragen?
Ja (nur bitte bitte bitte nicht nach der Abseitsregel).

Wie seht ihr am liebsten Fußball?
Auf der Couch mit Fußballfreunden, Chips und einem Flachbildschirm.

Sind eure Freundinnen dabei?
Ne, nur wenn es sein muss.

Rote Karten – Musts und Don'ts beim Fußballmatch vor dem Fernseher

Wie unangenehm eine rote Karte ist, haben Sie schon bei verschiedenen Spielen beobachten können. Es ist eine Frustkarte, die Tränen, Wut und Ärger auslöst. Manchmal verspürt der Spieler Ärger auf sich selbst, manchmal fühlt er sich nur unverstanden und ungerecht behandelt. Ein Platzverweis oder sogar für das nächste Spiel gesperrt zu werden ist mit das Schlimmste, was einem Spieler passieren kann. Und eigentlich ist es auch das Unnötigste, denn rote Karten sind an Regelbrüche gebunden und damit im Grunde absolut überflüssig. Um Regeln zu brechen oder eben nicht, muss man sie allerdings kennen.

Eine rote Karte zeigt der Schiedsrichter nur für Tätlichkeiten und Fehlverhalten, die vorsätzlich begangen wurden, das heißt mit Absicht und vielleicht sogar gemein kalkuliert. Umgekehrt bedeutet dies für die Spieler, ein bestimmtes Spielverhalten besser zu vermeiden. Als Fußballbraut wissen Sie, dass das, was auf dem Spielfeld gilt, oft auch Bezüge zum wirklichen Leben hat.

Wir wollen uns nun auf die roten Karten beziehen, die für

die Situation vor dem Fernseher gelten, also dann, wenn ein wichtiges Fußballspiel läuft. Diese häusliche Situation ist prickelnd und verführerisch, allerdings in eine ganz bestimmte Richtung. Denn sosehr Frauen Männer auch verstehen, hin und wieder spüren alle Fußballbräute auch die kleine Teufelin in sich, die herausfordernd grinst und dazu anstachelt, ihn beim Fußballgenuss zu stören, abzulenken oder gar zu schikanieren. Es ist so, gestehen wir es uns ein: Hin und wieder nervt es auch, dass er *schon wieder* vor der Glotze sitzt, weil *schon wieder* Fußball läuft.

So erquicklich diese Teufelin auch gelegentlich ist, weil sie für frischen Wind in ungelüfteten Räumen sorgt, langfristig ist die Störtaktik in der Partnerschaft alles andere als teambildend! Er nervt sie, und sie nervt zurück. Erinnern Sie sich? Das war doch schon im Sandkasten so. »Das ist meine Schippe!« – »Nein meine!« Was folgt ist ein Gerangel um die Schippe, respektive die Zeit, und am Schluss hat niemand etwas davon.

Es ist also Taktik gefragt, wenn Sie mit dieser Situation geschickt umgehen möchten. Kleine Störungen können dazugehören, aber auf Dauer führen kleinere und größere Beziehungsfouls dazu, dass irgendwann auch im heimischen Wohnzimmer die rote Karte kommt. Und dann passiert dasselbe wie auf dem Fußballplatz: Schreierei, Wut, Tränen, Unverständnis und knallende Türen (auf dem Platz der Abgang).

Nun ist die Frage, ob Sie rote Karten überhaupt verhindern wollen oder nicht. Wir gehen mal davon aus, dass Sie an regelmäßigen Streitereien und Unstimmigkeiten nicht interessiert sind, und haben Ihnen deshalb ein paar kleine

Verhaltensregeln zusammengestellt, die es zu beachten gilt. Dabei geht es uns nicht um gerichtete Bierflaschen und Chipsschalen, sondern darum, ungetrübtes Fußballvergnügen zu garantieren – und zwar für beide Seiten. Nicht nur *er,* sondern auch *Sie* sollen Fußballspaß haben; doch das klappt eben nur mit Fairplay. Und Fairplay vor dem Fernseher baut auf einigen Grundregeln auf, die wir selbst erprobt und herausgefiltert haben.

Niemals einfach loslachen!

Ja, ja, wir wissen es, es ist manchmal einfach zum Totlachen, was sich die Kicker so leisten: völlig durchsichtige und schlechte Schwalben, peinliche Interviews, übertriebenes Gejammer nach einem selbst verschuldeten Sturz, um das Herz des Schiedsrichters zu erweichen, dramatische Gesten, nur weil ein Tor (immerhin der eigentliche Sinn des ganzen Spiels!) gefallen ist, und vieles mehr.

Dennoch: Lachen ist absolut tabu. Auch wenn es nur ein Spiel ist, auch wenn Sie eigentlich Recht haben. *Aber lachen oder kichern Sie auf gar keinen Fall.* Denn Ihr Lachen wird fast immer falsch interpretiert, ganz gleich, welche Erklärungen Sie hinterher auch vorbringen.

Auf den Grund muss mal erst mal kommen, aber unsere Recherchen zu diesem Tatbestand haben ergeben, dass sich Männer von lachenden Frauen immer ein wenig selbst *ausgelacht* fühlen. Sie als Fußballbraut mögen sich über den Schiedsrichter, den Kicker oder den Kommentator amüsieren, aber nur ganz wenige Männer haben dafür Verständnis – besonders dann, wenn sie selbst nicht gelacht haben. Einsames Frauenlachen ist also ein absolutes Don't!

Für die Männer stellt sich das nämlich so dar: Ihm war nicht zum Lachen zumute, nur Ihnen. Und allein das zeigt ihm, dass Sie ihm in diesem Moment nicht wirklich nahe sind, sondern sich distanzieren, sich darüber stellen, nicht nur das Spiel, sondern ihn als Person lächerlich finden. Auweia, das tut weh! Männer halten ja nicht wirklich was aus. Sie sind zart, schmerzempfindlich. Dort, wo Frauen noch lange weitermachen, benötigen sie schon die warme (Seelen-)Bettflasche und Kuscheldecke. Und das, was Sie ihm mit einem lauten, vielleicht sogar etwas gehässigen Lachen liefern, ist ein psychischer K.-o.-Schlag. Er *liebt* Fußball, und er *liebt* Sie. Und plötzlich macht sich die eine Liebe über die andere lustig – und das womöglich noch in einer entscheidenden Spielphase.

»Die simple Wahrheit ist, dass Besessenheit eben nicht lustig ist und dass Besessene nicht lachen«, stellte schon Nick Hornby in seinem wunderbaren Fußball-Buch *Ballfieber* fest – und genauso ist es. Die meisten Männer sind in Spielsituationen in gewisser Weise besessen. Wer aber von etwas so vereinnahmt ist, lacht nicht (oder selten) und will nicht ausgelacht werden.

Ein Beispiel, damit Sie sich besser hineindenken können:

Nehmen wir einmal an, Sie gärtnern mit Begeisterung. Der Garten ist Ihr Rückzugsort, Ihre kreative Oase. Sie tauschen sich gerne mit anderen Gärtnerinnen aus, pflanzen, säen und beobachten mit Hingabe, wie jeder Grashalm wächst. Und nun, nachdem Sie den Garten nach Feng-Shui-Regeln neu gestaltet haben, kommt er, grinst dumm und pinkelt an die japanische Zierkirsche. Na, dann ist aber was los!

So ähnlich fühlt der Mann in Bezug auf Fußball. Kommen Sie nun bitte nicht mit »Wenn« und »Aber«, sondern nehmen Sie es einfach hin, das heißt akzeptieren Sie es, ohne es wirklich zu verstehen.

Die Ausnahme: Er lacht zuerst. In diesem Fall können Sie sich getrost (und möglicherweise erlöst) mitfreuen. Kommt zwar selten vor, soll es aber geben. Ansonsten unser Tipp: Lächeln Sie versonnen in sich hinein, ohne dass er es merkt.

Aufmerksamkeit nur fordern, wenn es *wirklich* wichtig ist!

Nehmen wir mal an, ein Spiel läuft und er sitzt vor dem Fernseher. Sie stehen derweil vor dem Kleiderschrank und überlegen, was Sie morgen anziehen sollen. Eine Gartenparty steht an, wird es regnen oder nicht? Ihre Schwiegermutter ruft im gleichen Moment an und will wissen, wann Sie endlich mal wieder zu Besuch kommen, und der Hund jammert, weil er Gassi gehen will. Ganz klar, berechtigte und wichtige Themen, die Frage ist nur, ob er jetzt bereit ist, sie zu teilen. Immerhin läuft im Fernsehen ein bedeutendes Länderspiel, auf das *er* sich den ganzen Tag gefreut hat. Und ausgerechnet in diesen 90 Minuten möchten *Sie* seine Aufmerksamkeit für Dinge, die nun wirklich noch zwei Stunden warten können? (Einzige Ausnahme: der Hund. Aber wenn Sie ohnehin keine Lust auf Fußball haben, dann können Sie doch mit ihm an die frische Luft gehen. Oder?)

Frauen neigen dazu, ausgerechnet *jetzt* reden zu wollen. Tun Sie es nicht. Das sind so fiese kleine Attacken, die im Mäntelchen der Dringlichkeit daherkommen. Sie merken schon, Sie können uns nichts vormachen, denn wir sind selbst Frauen.

Umgekehrt ist Ihr Stören für ihn aber so, als würde er Sie an Ihrem Freundinnenabend auf dem Handy anrufen, um zu fragen, was er Samstagabend anziehen soll. Meine Güte, das wäre nicht nur störend, sondern peinlich. Also: Großzügigkeit ist angesagt!

Sollte das Ihnen aber einfach zu schwer fallen und falls die 90 Minuten reduzierte Aufmerksamkeit Sie kränken, dann können wir Ihnen nur empfehlen, bei Nick Hornby nachzuschlagen. Er hat sich zu diesem Thema ganz besondere Gedanken gemacht:

»Ich will nicht auf jemanden Acht geben, wenn ich bei einem Spiel bin; ich bin nicht *imstande,* bei einem Spiel auf jemand Acht zu geben… Was geschieht, wenn sie umkippt? Werde ich den Anstand, die Reife, den gesunden

Menschenverstand aufbringen, um mich darum zu kümmern, dass sie angemessen versorgt wird? Oder werde ich ihren schlaffen Körper zur Seite schieben, weiterhin den Linienrichter anschreien und hoffen, dass sie am Ende von neunzig Minuten noch atmet, natürlich immer vorausgesetzt, dass Verlängerung und Elfmeterschießen nicht erforderlich werden? (...) Er [der Fußball] hat mich in einen Menschen verwandelt, der nicht Hilfe leisten würde, wenn die Wehen seiner Freundin in einem unpassenden Moment einsetzten ...«

Sie sehen, es könnte noch schlimmer kommen als bei Ihnen zu Hause!

Es gibt übrigens noch eine andere Form der Aufmerksamkeitseinforderung, die ihn auf die Palme bringt. Auch bei dieser handelt es sich um weibliche Taktik. Diesmal wird Interesse vorgetäuscht. Wir meinen damit Zwischenfragen zum Spielverlauf. »Habe ich das richtig gesehen?« »Aber die Regel sagt doch ... oder nicht?«

Hinter treuherzigem Nachfragen verbergen sich nämlich häufig nonverbale Botschaften wie: »Küss mich!«, »Nimm mich in den Arm!«, »Sag mir, dass ich die Schönste für dich bin!« oder »Zeig mir, dass es keine perfektere Fußballbraut als mich gibt und alle deine Freunde dich um mich beneiden!«.

Natürlich bekommen wir nicht das, was wir eigentlich wollen, sondern eine zwischen den Zähnen hindurchgeknirschte Antwort, ein Prusten, hochgezogene Augenbrauen oder gar unwillige und ärgerliche Zuckungen mit den Schultern oder Armen. Der Blick bleibt weiter starr auf den Fernseher gerichtet. Und das alles nur, weil wir mal wieder davon ausgegangen sind, dass auch Männer die Kunst beherrschen, etwas zu verfolgen und gleichzeitig darüber zu reden. Können sie aber nicht. Und werden sie nie können!

Das (gute) Aussehen der Spieler ist tabu!

Klar, es gibt Fußballspieler, die sehen gut aus. Richtig gut sogar. Sexy. »Will haben!«, denken wir vielleicht.

Besonders bei diesen Prachtstücken macht Fußballschauen Spaß, denn dem weiblichen Auge wird eine Menge geboten. Es geht nicht nur um Regeln und Tore, sondern es ist ein Genuss, diesen Kerlen zuzuschauen, wenn sie sprinten, dribbeln, foulen, aufs Tor schießen (und vielleicht gar nicht treffen, das ist dann eben Künstlerpech). Sie sehen gut aus, manchmal will man gar nicht mehr. Und deshalb gilt ihnen unsere ganze Sympathie. David Beckham sieht ganz nett aus und ist dabei ein Weltklassespieler. Passt doch gut.

Nicht ganz – da sind sich komischerweise die meisten Männer einig. Gut aussehen heißt noch lange nicht gut spielen, damit das mal klar ist. Das eine hat mit dem anderen nichts zu tun, und überhaupt ist es nebensächlich, und »was soll denn an dem gut aussehen? Der soll lieber schauen, dass er den Ball mal trifft.« Auch ein vorsichtiger Einwand nach dem Motto »wenn er nicht herausragend spielen würde, wäre er doch wohl kaum in der Mannschaft« oder so ähnlich wird in der Regel überhört. »Auch in guten Mannschaften gibt es eben Mitläufer oder schlechtere Spieler«, heißt es dann, auch wenn es gar nicht stimmt.

Was schließen wir daraus? Gut aussehende Kicker sind in der trauten Zweisamkeit kein Thema. Damit ist schon alles gesagt.

Das gilt natürlich auch für den berühmten Trikottausch nach dem Spiel: Egal, wie knackig, gut gebaut oder gar mit Waschbrettbauch – verlieren Sie kein Wort darüber! Genießen Sie schweigend, und sparen Sie sich Ihre anerkennenden Kommentare für das nächste Treffen mit Ihren Freundinnen. Die wissen das ohnehin besser zu würdigen.

In wichtigen Szenen keine Kuscheleinheiten einklagen!

Manchmal überkommt es einen, das kennen wir alle. Dann möchten wir jetzt in diesem Moment von unserem Schatz in den Arm genommen werden, möchten hören, dass er uns liebt, und einfach ein paar Minuten all jene Zärtlichkeiten genießen, die den Alltag mit ihm so schön machen. So weit, so gut. Der kleine Haken daran: Das passt jetzt nicht! Überhaupt nicht. Besonders dann nicht, wenn das Spiel gerade in die Verlängerung geht, ein Elfmeter geschossen wird oder die letzte spannende Spielminute angebrochen ist.

Diesen Ärger können Sie sich sparen. Denn er wird kommen, ist vorprogrammiert – und zwar unabhängig davon, wie er reagiert. Denn wenn Ihr Liebster ein netter Kerl ist, dann wird er Sie in den Arm nehmen und liebkosen, so gut es in einer solchen Situation (und mit geschieltem Blick zum Fernseher) eben geht. Sie spüren natürlich ganz genau, dass er nicht hundertprozentig bei Ihnen ist, und ärgern sich, sind verletzt und ziehen sich zurück. Nach dem Spiel muss er sich dann darum bemühen, Sie wieder gnädig zu stimmen, obwohl er Sie gar nicht verärgern wollte. Das ist der Boden, auf dem die Krachpflanze wächst. Machen Sie sich also auf die schönsten Unstimmigkeiten, Missverständnisse und Tränenausbrüche gefasst.

Vielleicht ist Ihr Schatz aber gar nicht so friedliebend veranlagt, sondern sagt Ihnen ganz ehrlich, dass er jetzt keine Lust auf Kuscheleinheiten hat. Das klingt zwar hart, ist aber fair. Umso unerfreulicher, wenn Sie sich daraufhin beleidigt zurückziehen oder anfangen zu diskutieren. Wozu auch – nach dem Spiel ist ohnehin wieder alles beim Alten! Fazit: Kuscheln ist schön – aber bitte nicht in entscheidenden Spielphasen.

Keine lauten Telefonate mit der besten Freundin führen!

Es gibt Geräuschkulissen, die sind in Kombination mit anderen Lauten einfach unerträglich. Das kennen Sie selbst: Wenn Sie mit ein paar Freunden in einem Restaurant gepflegt essen und am Nachbartisch wiehert eine deutlich angeheiterte Männerrunde über zotige Witze, fühlen Sie sich gestört.

Ganz ähnlich geht es Ihrem Liebsten, wenn er ein wichtiges Fußballspiel im Fernsehen verfolgt und Sie gleichzeitig (und unüberhörbar) mit Ihrer besten Freundin telefonieren. Nicht, dass er Ihre Freundin nicht mag. Und vermutlich hätte er sogar Spaß an Ihrem Gesprächsthema. Nur Zeit und Ort sind von Ihnen einfach denkbar schlecht gewählt! Wenn Sie sich für das Gespräch leise in einen anderen Raum zurückziehen können, ist alles im grünen Bereich. Doch das fröhliche und nicht zu überhörende Glucksen, Kichern und verschwörerische Lachen macht ihn ebenso nervös und sauer wie leise und mit gesenkter Stimme gemurmelte Sätze und offensichtliche Andeutungen. Er möchte sich auf das Fußballspiel konzentrieren und kann es nicht, weil er mit einem Ohr bei Ihrem Telefonat ist, ob er will oder nicht. Das riecht nach Ärger, genau genommen nach vermeidbarem Ärger. Schließlich mögen Sie es auch nicht, wenn Sie bei einer Beschäftigung unterbrochen oder gestört werden.

Verschieben Sie also das Telefonat – oder ziehen Sie sich in eine stille Ecke zurück. Er wird Ihre Rücksicht zu schätzen wissen.

Ach ja, noch etwas: Falls Sie während einer Fußballübertragung auf die Idee kommen sollten, in der Wohnung klar Schiff zu machen oder Ihre Küchengeräte endlich einmal auszuprobieren – vergessen Sie es! Denn Staubsauger und Co. haben in einer intakten Beziehung in solchen Momenten nichts verloren!

Fairplay vor dem Fernseher – so geht's richtig!

Es sind Kleinigkeiten, die dem Fußballspiel vor dem Fernseher den richtigen Kick geben. Für beide wohlgemerkt – Sie und ihn. Kein großer Aufwand, eher ein gemeinsames aneinander denken. Etwas sehr Schönes also, etwas, das Spaß macht. Stellen Sie sich einfach vor, dass Ihnen ein gemeinsamer Nachmittag oder Abend bevorsteht. Zeit, die Sie zusammen verbringen, vielleicht sogar kostbare Zeit. Was liegt also näher, als daraus einen gemütlichen und beziehungsfördernden gemeinsamen Event zu machen? Fairplay ist angesagt – und das macht mehr Spaß, als Sie vielleicht bislang angenommen haben!

SO PUNKTEN SIE BEI IHREM LIEBSTEN!

Versuch's mal mit Gemütlichkeit. Ganz gleich, wo Ihr Fernseher sich befindet – sorgen Sie gemeinsam für eine gemütliche Atmosphäre. Nicht mit Ikebana, einem Ostergesteck oder blinkenden Weihnachtsbäumen: Dezente Dekoration ist angesagt. Fragen Sie ihn, wie und wo er gern sitzen oder liegen möchte, und (ganz wichtig!) suchen Sie sich auch ein nettes Plätzchen. Plündern Sie dann *gemeinsam* die Speisekammer, und decken Sie sich mit Nervennahrung ein. Tauschen Sie Ihr Business-Kostüm gegen etwas Kuscheliges, sonst können Sie sich nicht richtig hinfläzen. Und vor allem: Nehmen Sie sich Zeit dafür! Wenn es richtig gemütlich sein soll, dann muss alles parat stehen. Kissen und Decken erhöhen den Genussfaktor! Beginnen Sie rechtzeitig mit den Vorbereitungen, damit Sie sich nicht durch hektisches Hin- und Herrennen (möglicherweise sogar durch das Bild laufen, eine Todsünde!), Möbelrücken oder gar Einkaufen um den vollständigen Fußballgenuss bringen. Damit bringen Sie ihm Wertschätzung entgegen – und er Ihnen sicher ganz unerwartete Gefühle!

Bleiben Sie dran! Wenn Sie sich einmal dazu entschieden haben, das Spiel mit ihm gemeinsam zu schauen, dann bleiben Sie auch dabei! Denn ungeteilte Aufmerksamkeit ist das A und O für das Spielverständnis – und das brauchen Sie, um selbst auf Ihre Kosten zu kommen. Der geschulte Blick für das Spielgeschehen ist wiederum die Voraussetzung für Ihre Beständigkeit, denn was man nicht versteht, langweilt irgendwann. Also ist auch Ihre Konzentration gefragt, um möglicherweise unbekannte Spielsituationen richtig einschätzen zu können oder im passenden Moment eine entsprechende Frage zu stellen. Alles andere hat Zeit bis zur Halbzeitpause – immerhin gibt es dann 15 Minuten, in denen Sie sich anderen Dingen widmen können. Wobei wir Ihnen unbedingt empfehlen möchten, gerade auch in der Halbzeitpause mit Ihrem Liebsten vor der Glotze zu verweilen – werden doch in dieser Zeit Profis und selbst ernannte Spezialisten zum Spiel interviewt. Und das sind manchmal höchst amüsante Einlagen, die Sie mit ihm gemeinsam genießen sollten.

Sorry, keiner zu Hause! Wenn Sie auf Nummer Sicher gehen möchten, dass weder Ihre Eltern noch Ihre beste Freundin ausgerechnet während der Fußballübertragung anrufen, dann ziehen Sie den Stecker! Das ist ernst gemeint, ehrlich. Denn die wenigsten von uns sind in der Lage, ein Telefon einfach klingeln zu lassen. Dann geht man eben doch dran, es ist *natürlich* die beste Freundin – und irgendwie tut man sich schwer damit zuzugeben, dass man jetzt leider nicht kann, weil im Fernsehen *Fußball* läuft! Umgehen Sie also diese peinliche Situation, indem Sie das Telefon aus dem Verkehr ziehen.

Pflegen Sie den geschliffenen Kommentar! Zugegeben, das hier ist schon der Fortgeschrittenen-Kurs! Denn richtig gute Kommentare kommen einem erst dann über die Lippen, wenn man gut im Thema ist, möglicherweise Bezüge zu anderen Spielen herstellen kann oder über Hintergrundinfos verfügt. Wenn Sie aber so weit sind, sollten Sie sich auch trauen! Denn das ist erlaubt – vorausgesetzt, es passt. Und dann ist Ihnen ein anerkennender Blick oder sogar ein gemeinsames Lachen sicher.

Gemeinsam jubeln! Sie hatten eigentlich an Gäste gedacht? Kein Problem! Laden Sie einfach Freunde ein, die auch Spaß am gemeinsamen Fußball-Fernsehabend haben. Scheuen Sie sich nicht – vermutlich werden Sie staunen, wie viel erfreute Zustimmung Sie ernten. Denn gemeinsam mit Gleichgesinnten kann man sich nicht nur in ein Spiel so richtig reinsteigern, sondern lernt unter Umständen noch etwas dabei. Außerdem jubelt es sich doppelt so laut, und die mitgebrachten Chipstüten sind garantiert schnell leer.

Falls Sie sich nun immer noch nicht vorstellen können, Fairplay vor dem Fernseher zu praktizieren, sollten Sie sich in Zukunft verdrücken, wenn Fußball übertragen wird. Auf Dauer ist die Situation für Sie und Ihren Partner sonst untragbar.

Wenn Sie jedoch durchaus Lust hätten, ab sofort mehr Zeit mit Ihrem Partner in Sachen Fußball zu verbringen, sich aber noch etwas unsicher fühlen, dann dürfen Sie sich jetzt schon auf das nächste Kapitel freuen. Denn darin möchten wir Ihnen zeigen, wie »Fußball schauen« im Fernsehen geht. Weil auch hier gilt: Übung macht den Meister!

Und das sagen die Profis – Statement von Philipp Laux

Philipp Laux, Jahrgang 1973. War selbst **aktiver Bundesliga-Profi** und spielte als Torwart unter anderem bei Borussia Dortmund, dem SSV Ulm (Mannschaftskapitän) und Eintracht Braunschweig. Heute studiert er (Sport-) Psychologie und lebt mit seiner Freundin in Mannheim.

Was sind die größten Fauxpas (rote Karte!), die eine Frau beim Fußballschauen vor dem Fernseher begehen kann?

- Durch das Bild laufen bei einer Toraktion.
- »Schatz, wie findest du diesen Schuh?«
- Den Videotext einschalten, um zu sehen, wie es bei »Verbotene Liebe« weitergeht.

Was bringt Sie demgegenüber zum (positiven) Staunen?
»Wie wär's mit einem Samstagmittag auf dem Fußballplatz?»

Schauen Sie Fußball lieber getrennt – um später zusammen zu feiern?
Ich schaue gerne mit meiner Frau Fußball. Man sollte sie aber mal fragen, ob das auf Gegenseitigkeit beruht. Frauen sehen den Fußball aus einer anderen Perspektive – und das macht das Ganze interessant.

Gibt es bestimmte Regeln auf der Couch (Essen, Verhalten, Gemütlichkeit)?
Samstagnachmittag 15:30 Uhr einen schönen Kaffee oder Schwarztee mit einem Stück trockenen Kuchen, hat was!

Wie wichtig sind Ihrer Meinung nach Fußballregelkenntnisse für Frauen?
Regelwissen ist nicht so wichtig. Hauptsache, die Frau geht mit Leib und Seele mit – und bezweifelt vehement die Kompetenz des Schiedsrichters.

Darf frau während des Spiels nach Regeln fragen?
Ja.

Wie sehen Sie am liebsten Fußball?
Zu Hause auf der Couch mit einer Tasse Kaffee oder Tee.

Ist Ihre Frau dabei?
Nicht immer. Aber manchmal schaut sie mir zuliebe mit und findet es manchmal sogar richtig interessant.

Bringen Sie sich selbst ins Spiel – lernen Sie Fußball schauen!

Fußball kann man eigentlich nicht aus einem Buch lernen. Insofern sollten Sie diesen Ratgeber als eine gute Freundin betrachten, die Sie an die Hand nimmt und in die Welt des Fußballs einführt. Wenn Ihnen ein duftendes Parfum beschrieben wird oder ein schöner Seidenstoff, dann haben Sie nur ein Bedürfnis: riechen oder spüren. Und so soll das auch beim Fußball sein. Wir beschreiben Ihnen etwas, versuchen Ihnen Gefühle und Bilder zu entlocken – das alles aber mit der Absicht, dass Sie irgendwann das Buch zuklappen (aber bitte nicht zu fest) und laut sagen: Schauen!

Gehen Sie einmal ins Stadion

Fußball muss man erleben. Und damit Sie es gleich wissen: Fußball im Fernsehen ist kein richtiger Fußball! Es ist ein Abbild. Man könnte solch ein Spiel sogar als Werbung für »echten« Fußball beschreiben. Was wir im Fernsehen als Zusammenfassung, Zeitlupe oder Wiederholung sehen, hat nichts mit dem zu tun, was tatsächlich in einem Stadion passiert. Es fehlt der Geruch, die Dynamik, die Atmosphäre. Und somit fehlt all das, was Fußball erst zu dem Erlebnis macht, von dem wir hier die ganze Zeit reden.

Fußball, in einem großen oder kleinen Stadion erlebt, bringt Menschen zusammen, auseinander, um den Verstand. Es ist ein Pulsieren, pure Energie, pure Leidenschaft … oder pure Langeweile, die sich dann allerdings auch wieder in Schwingung übersetzt, indem Wildfremde sich auf einmal darüber aufregen:

»Schneckenfußball!«

»Jawoll! Tränenverein!«

»Genau!«

»Geht doch heim zur Mutti!«

Um Gespräche wie diese zu verstehen, um in den Jubel mit einsteigen und das Adrenalin im eigenen Blut spüren zu können, kommen Sie auf Ihrem Weg zur Fußballbraut nicht darum herum, die Initiative zu ergreifen und in ein Stadion zu gehen. Bitte ohne Thermoskanne und selbst geschmierte Brötchen!

SO STEIGEN SIE RICHTIG EIN

Besuchen Sie unbedingt ein richtiges Fußballspiel in einem Stadion in Ihrer Nähe. Es sollte kein Freundschaftsspiel zweier Länder sein, auch kein Benefiz- oder Abschiedsspiel, sondern am besten ein ganz normaler Bundesliga-Kick. Den gibt es jeden Samstag (außer in der Sommerpause), und die Stadien sind deshalb in den seltensten Fällen ausverkauft. Gehen Sie unbedingt *allein* oder allenfalls in Begleitung einer Freundin, damit Sie die Stimmung möglichst unverfälscht aufnehmen können und nicht durch die Reaktionen Ihres Partners abgelenkt werden. Wenn Sie lieber ganz ruhig einsteigen wollen, dann erkundigen Sie sich vorher, wo Sie einigermaßen ungestört und unbelästigt sitzen oder stehen können. Manche Fankurven haben es nämlich in sich. Es kann sein, dass Sie das mögen und Ihnen diese Energie den richtigen Kick gibt, es kann aber auch sein, dass Ihnen das Gejohle und Gerempel für den Anfang etwas zu viel des Guten ist. Außerdem sollten Sie herausbekommen, für welchen Verein die Fankurve die Fahnen schwingt. Denn es kann unerfreulich werden, wenn Sie beim verkehrten Tor laut zu jubeln beginnen. Kommt es in der Fankurve zu einem Gespräch, stehen Sie dazu, dass es Ihr erstes Fußballspiel ist. Gut möglich, dass die Raubeine neben Ihnen so etwas wie Kavaliersgeist entdecken. Darauf bauen würden wir aber nicht. Fußball ist Fußball, und Rosen sind Rosen.

Wie zieht man sich an?

Wie Sie wollen, denn vermutlich wird niemand von Ihnen größere Notiz nehmen. Im Winter sind warme Jacken und Mützen angesagt, im Sommer leichte Kleidung, bequem, aber nicht zu sexy, denn das behindert Ihr eigentliches Anliegen: Fußball gucken! Sollten Sie auf Partnersuche sein, dann verschieben Sie dieses Bedürfnis auf ein späteres Spiel. Erst einmal geht es ums Lernen. Auch bei Parfum plädieren wir eher für die sportlich-frische als die dunkle-sinnliche Seite. Schwere Parfums haben auf dem Fußballplatz nichts verloren.

Der Besuch im Stadion ist sozusagen als erste Lektion die optimale Voraussetzung für das Abenteuer Fernseh-Fußball. Dank dieser Erfahrung werden Sie schon bald begreifen, warum wir Sie zunächst zum Spiel geschickt haben: Es geht zwar um ein und dieselbe Sportart, doch das Ergebnis (und damit auch das Bild in unseren Köpfen) ist ein anderes. Je nachdem, wie Ihr Stadionbesuch ausgefallen ist, wird Ihnen eines mehr zusagen: das Event vor Ort oder im heimischen Wohnzimmer. Wir kennen einige Frauen, die Stadion-Fußball bevorzugen und dafür sogar ihre Männer zu Hause lassen. Auch das soll es geben … die Fußballwelt wandelt sich, und das ist erfreulich.

Fußball aus der Flimmerkiste

Wie alle Medien ist auch das Fernsehen keineswegs objektiv, auch wenn die Live-Übertragung eines Spiels gesendet wird. Nach Ihrem Stadionbesuch werden Ihnen die Unterschiede deutlich auffallen. Allein schon, dass Sie jederzeit auf die Toilette gehen können und Ihnen niemand ins Ohr brüllt, macht diesen Fußball anders. Vielleicht fehlen Ihnen die Energie, die Wellen, das Tröten und das Schreien – und doch gibt es auch einen Vorteil: Obwohl Sie nicht am Ort des Geschehens sind, sehen Sie im Fernsehen besser! Denn bei Fußballübertragungen sind rund um das Spielfeld und oben in den Tribünen Kameras positioniert, die je nach Spielverlauf ihre Bilder buchstäblich nah am Ball zeigen. Das wiederum führt dazu, dass Sie immer gut erkennen können, wer den Ball gerade spielt, wie ein Schuss abgezogen wird und welche Mimik sich im Gesicht des Torwarts beim Elfmeter abspielt. Sie sind hautnah dabei – und nicht wie im Stadion vielleicht 70 Meter Luftlinie entfernt.

Doch der entscheidende Nachteil folgt auf dem Fuß: Denn gerade durch die vielen Kameraschnitte können Sie vor dem Fernseher nur selten ganze Spielzüge vollständig erleben und bewusst mitverfolgen und auch das taktische Spiel einer Mannschaft oder – und das ist besonders ärgerlich – Abseitsstellungen selbst erkennen. Denn die Spielfeldtotale, wie sie zu Beginn der Fußballübertragungen im Fernsehen noch üblich war (die Technik war damals noch nicht so ausgereift), hat heute eher Seltenheitswert. Man kann es also nur mit dem alten Sprichwort auf einen Nenner bringen: »Unter jedem Dach ein Ach!« Wo auch immer Sie Fußball verfolgen, ob zu Hause oder im Stadion – Sie werden etwas vermissen. Wir raten Ihnen zu einem Mischverfahren. Zwei Drittel aller Spiele daheim, ein Drittel im Stadion, oder lieber umgekehrt? Finden Sie Ihr persönliches Mischungsverhältnis heraus.

DAMIT KÖNNEN SIE GLÄNZEN!

Das sollten Sie wissen: Das Fernsehen hat natürlich längst auch in den Stadien Einzug gehalten! Damit auch jeder ein Tor mitverfolgen kann (auch wenn er vielleicht gerade mit seiner fetttriefenden Bratwurst beschäftigt war), gibt es riesige Kinowände, auf denen wichtige Spielszenen in Zeitlupe (!) wiederholt werden. Die Einmaligkeit und Unwiederbringlichkeit einzelner Situationen wird damit auch dort, wo »live« eigentlich »live« sein sollte, ad absurdum geführt! Und es geht noch weiter: Denn die Wände dienen auch dazu, Zwischenergebnisse anderer Partien einzublenden, um so die Stimmung aufzuheizen oder zu dämpfen. Gerade im Abstiegskampf der Ligen wird dies von den Zuschauern und Spielern besonders gewünscht oder gehasst. Auch hier kommt es auf den eigenen Standpunkt, das heißt den Platz der favorisierten Mannschaft, an. Das eigentliche Stadionerlebnis, so wie es früher einmal war, als Welt für sich, abgeschottet und von der Außenwelt getrennt, gibt es dadurch praktisch nicht mehr. Das halten wir für ziemlich schade. Uns verwundert nur, dass Männer hier dann doch mehrere Informationen auf einmal aufnehmen können. Wie das geht, hat die Geschlechterforschung noch nicht geklärt. Wir bleiben für Sie am Ball!

Es ist also ein offenes Geheimnis, dass die Medien, speziell das Fernsehen, unsere Realität verschieben. Die Kommentatoren von Live-Fußballübertragungen tun ihr Übriges dazu: Denn sie sind es, die uns am Bildschirm durch ein Spiel führen – mit ihren Augen, ihren Wünschen, Ansichten und Meinungen. Zwar geben sie vor (und das müssen sie natürlich auch!), dass sie das Spielgeschehen stets objektiv beschreiben, doch wer ist schon objektiv? Objektivität hat in der Liebe keinen Platz. Und ist Fußball nicht Liebe und auch Leidenschaft? Besonders Länderspiele decken schnell auf, wie »sauber« und objektiv der Moderator ist – spätestens dann, wenn ein »eigener« Spieler unsanft von einem Gegner zu Fall gebracht wurde. Gern werden in solchen Situationen irgendwelche Statistiken zitiert, die das grundsätzlich unfairere Verhalten der gegnerischen Mannschaft belegen sollen – alles Unsinn! Denn wer hinterfragt schon, wer für solche Statistiken verantwortlich ist und wie sie entstehen? Das ist, wie wenn sich Kinder streiten. Immer haut der eine, und immer muss der andere hergeben. Das kann man so auch nicht glauben, nicht einmal beim eigenen Kind. Vergessen Sie also am besten das Gehörte sofort wieder, wenn Ihnen ein Moderator erklären will, wer der Böse auf dem Bolzplatz ist.

Ganz ähnlich ist das mit den Hintergrundinformationen über einzelne Spieler, die immer wieder in die Kommentare einfließen: Einmal abgesehen davon, dass auch die sachlichen Daten keinesfalls immer korrekt sind, haben solche Zusatzinfos oft den Geschmack des Parteiischen. Oder wie sonst sollen wir es interpretieren, wenn ein Spieler in zugegebenermaßen schlechter Tagesform im Kommentar mit internen Mannschaftsquerelen, einem ausgedehnten Nachtleben und einem unsteten Lebenswandel in Zusammenhang gebracht wird? Das klingt ganz nach Schublade – und in die wollen wir hier niemanden stecken.

Blick schärfen, Ohren spitzen!

Um sich in Fernsehübertragungen einzusehen, empfehlen wir Ihnen, allein oder mit Freundinnen zu trainieren. Sicher kennen auch Sie einige Frauen, die an Fußball Freude haben. Ganz wichtig ist dabei, nicht während des Spiels über andere Freundinnen, Mode oder Gewichtsprobleme zu diskutieren. Wir wissen, dass Frauen mehrere Gesprächsstränge gleichzeitig verfolgen können, aber hier im Trainingslager wäre es besser, sich auf eine Sache zu konzentrieren. Zumindest am Anfang. Früher oder später gleiten Sie dann doch ab. Das ist auch nicht schlimm, nur eben jetzt nicht, in der ersten Phase Ihrer Fußballleidenschaft.

Verabreden Sie sich für eine Live-Übertragung, und versuchen Sie von Anfang an, die Aussagen des Kommentators mit dem gezeigten Geschehen in Verbindung zu bringen. Machen Sie sich ruhig Notizen, wenn Ihrer Meinung nach Background-Infos genannt werden, die Sie so nicht nachvollziehen können – und prüfen Sie hinterher das Gesagte. Sie können Freunde und Freundinnen fragen, auf Sportseiten im Internet nachlesen, oder Sie klicken auf die Webseiten der beiden Vereine. Sie werden staunen, wie unterschiedlich bestimmte Details gesehen und bewertet werden können.

Nehmen Sie sich am nächsten Tag unbedingt den Sportteil einschlägiger Medien vor – wir empfehlen eine Mischung aus *Bild, Süddeutsche Zeitung* und Ihrer ortsansässigen Tageszeitung. Auch hier werden Sie vermutlich kein einheitliches Echo finden – je nach Affinität der einzelnen Blätter. Das Tolle daran ist jedoch, dass mittlerweile auch die jeweiligen Kommentatoren analysiert werden – und das macht dann richtig Spaß!

Es gibt übrigens noch eine Steigerung zum fachkundigen Sportkommentator: den Ko-Kommentator. Beim ihm handelt es sich meist um einen ehemaligen aktiven Kicker oder einen Trainer, der sozusagen als geballte Zusatzkompetenz hinzugezogen wird. Diese Ex-Spieler brauchen ja auch eine (sinnvolle?) Beschäftigung, und mit der Rolle des Ko-Moderators wurde sie gefunden. Das damit vermeintlich perfekt ausgestattete Spezialisten-Duo kommentiert dann gemeinsam das Spiel. Das ist nicht immer ein Hörgenuss. Denn gut kicken oder gut trainieren bedeutet noch lange nicht, das Spiel mit den Worten ähnlich virtuos zu beherrschen, was zahlreiche Beispiele beweisen. Insbesondere dann, wenn Bilder hinzugezogen werden, um Spiel- oder Mannschaftssituationen zu erklären, kommt es zu immer wieder gern zitierten Stilblüten wie »Ich habe nur immer meinen Finger in Wunden gelegt, die sonst unter den Tisch gekehrt worden wären« (Paul Breitner), »Wir schwimmen im luftleeren Raum« (Hannes Bongartz) oder »Lieber ein Ende mit Schrecken als ein Schrecken mit Ende« (Pierre Littbarski zur Entlassung des Kölner Torwarts Toni Schumacher). Sie können sich also an den Stimmen der Männer erfreuen, die man sonst nur laufen sah, aber bitte nicht blenden lassen von großen Namen, sondern aufmerksam auf Inhalte achten.

Übrigens sind es gerade auch die Ko-Kommentatoren, die Statistiken als Fundament ihres ganz besonderen Sachverstandes lieben. Sie können sich an den Zahlen festhalten und entlanghangeln, um so ihre fehlende Moderatorenkompetenz auszugleichen. Da spielt es dann auch keine Rolle, wenn den Daten jeglicher Informationswert fehlt. Zum Beispiel die erzielten Eckballtore seit den achtziger Jahren in den letzten fünf Minuten vor der Halbzeitpause – oder ähnlich unwichtige Fragestellungen.

Entscheidend ist, dass der Ko-Kommentator als allgemein anerkannte geballte Spielkompetenz dabei ist – mehr nicht. Und man eine Freude entwickeln kann, ihn zu hören oder im Gespräch zu sehen. Diese Männer haben Moderation nicht im Blut, und deswegen ist das Gesagte oft erfrischend. Neben den glasklaren und schnittscharfen Moderationen langjähriger Sportreporter ist das dann erheiternd und richtiggehend menschlich.

Fehler beim Kommentar oder Pannen in der Übertragung sind übrigens besonders beliebt! Woran Sie das merken? Am Spott in den Zeitungen am Tag danach – und natürlich in den Gesprächen Ihres Liebsten mit Gleichgesinnten. Und Fehler passieren häufiger, als Sie vermutlich bislang dachten: Vergleichen Sie nur einmal die Spielernennungen des Kommentators während eines Angriffs; oft genug kommt es hier zu Falschmeldungen. Auch bei Auswechslungen trennt sich schnell die Spreu vom Weizen. Dann zeigt sich, wer die einzelnen Mannschaften wirklich kennt und so auch im Bild erkennt, wie der Name des Ersatzspielers lautet, der sich am Spielfeldrand gerade warm macht. Falsche Angaben werden nicht immer korrigiert – man könnte sonst ja am Sachverstand des vermeintlichen Fachmannes zweifeln … und, wie heißt es so schön bei Fehlern in Rundfunk und Fernsehen: Das versendet sich. Das bedeutet, im Eifer des Geschehens geht eine Falschmeldung schnell unter, der Zuschauer und Zuhörer bemerkt sie nur kurz, und dann ist sie auch schon wieder weg und vergessen.

Am besten, Sie merken sich diesen Satz für kleine berufliche und private Fehler: *Das versendet sich!*

Versenden macht das Leben leicht.

DAMIT KÖNNEN SIE GLÄNZEN!

Wenn Sie in das Spielgeschehen richtig einsteigen wollen, empfehlen wir Ihnen die regelmäßige Lektüre einschlägiger Fußballmagazine – die sich übrigens längst nicht mehr auf *Kicker* und *Sportbild* beschränken. Anlässlich der WM im eigenen Lande gibt es ein paar ganz nett anzuschauende und mit durchaus anspruchsvolleren Beiträgen bestückte Hochglanzmagazine, die durch Aufmachung und gute Hintergrundberichte Spaß machen (siehe Anhang Seite 280). Zwar stammen auch diese Neuerscheinungen aus den allseits bekannten Verlagen, bemühen sich jedoch um besonders niveauvolle Beiträge.

Immer stärker wird den Redaktionen bewusst, dass auch Frauen Fußball schauen. Bald werden wir auch in Frauenmagazinen Fußballrubriken finden. Die Wandlung vom Schmuddelheft zum Hochglanzmagazin. Fußball wird immer lesbarer und interessanter!

Wie ist es nun möglich, dass Millionen selbst erklärter Fußballfans Woche für Woche vor der Mattscheibe sitzen und sich Spiele oder Spielausschnitte ansehen, die erwiesenermaßen nur bedingt mit der Realität auf dem Platz zu tun haben? Ganz besonders deutlich ist dies beim wöchentlichen Bundesliga-Zusammenschnitt, bei dem wirklich nur noch Spielfetzen zu sehen sind, die niemals ein Abbild des wirklichen Spieles sein können! Wir haben lange darüber nachgedacht und zahlreiche Freunde und Bekannte gefragt – mit folgenden Ergebnissen: Stadionbesuche gehören nicht zum Repertoire des durchschnittlichen Fußballfans. Sieht man von den wenigen fanatischen Fans und Dauerkartenbesitzern ab, haben nur Einzelne tatsächlich Lust und Zeit, regelmäßig einen ganzen Nachmittag oder Abend im Stadion zu verbringen. Noch dazu ist es zu Hause so gemütlich!

Unbedingt aufpassen und reagieren sollten Sie jedoch, wenn Ihr Partner Fußballschauen daheim mit gelebter

Familienzeit verwechselt. Die bloße Anwesenheit hat nämlich nichts mit zusammen verbrachter Zeit zu tun. Wenn er also mit dem Argument »Ich wollte bei dir sein!« vor der Glotze hängt, dann kann er auch ins Stadion gehen. In beiden Fällen ist er nämlich weder »bei« noch »mit« Ihnen, im zweiten Ihnen aber auf jeden Fall »aus dem Weg«.

Schwer nachzuvollziehen ist das Argument, dass Fußball im Fernsehen »irgendwie interessanter« ist. Schwer nachzuvollziehen deshalb, weil dieser Effekt ja genau dadurch entsteht, dass die Wirklichkeit verfälscht wird! Durch die Kamera kommt es zu einer Verdichtung des Spielgeschehens, die je nach Kamerastellung und Filmschnitt Schnelligkeit und Dynamik suggeriert, die unter Umständen der Realität gar nicht entsprechen. Auch Einzelleistungen von Spielern werden so im Fernsehen überhöht (indem man ihn immer wieder zeigt) oder heruntergespielt (indem man ihn ignoriert). Der Fan mit seinem Wunsch nach allumfassender Information bleibt bei diesen Übertragungen häufig auf der Strecke.

Meinen wir, aber das spielt irgendwie auch wieder keine so große Rolle. Was zählt, ist einzig und allein die vermeintliche Nähe zum Geschehen, und die gibt es nun einmal nur in Zeitlupe, Zoom und Einzeleinstellungen. Taktik und das Spiel im Raum fallen dabei zwar oft unter den Tisch – aber dafür hat man ja den Kommentator, der sich von seiner überhöhten Position aus irgendwie durch das Thema laviert. Außerdem lässt genau das die spannenden Spielräume für eigene Interpretationen und Diskussionen danach. Ein Manko also, mit dem Sie umgehen lernen müssen.

Denn eines ist klar: Die große Nähe zum Spiel, die durch

Fußballübertragungen möglich ist, wirkt sich auch auf Ihre Beziehung aus. Je enger Sie oder Ihr Liebster mit den stark vergrößerten (und damit möglicherweise völlig überhöhten!) Leistungen einer Mannschaft oder eines Spielers verknüpft sind, desto stärker ist der Einfluss auf Ihr Privatleben. Konkret bedeutet dies: Ein gewonnenes Spiel sorgt für gute Stimmung, eine Niederlage kann Stress bedeuten. Schon allein deshalb ist es wichtig, dass Sie über den Spielverlauf einigermaßen informiert (und damit innerlich vorbereitet) sind.

Bei besonders wichtigen Spielen neigen wir zur Wahlkost. Bei Siegen feiern Sie am besten opulent und leiern ihm eine schöne Urlaubsreise aus den Rippen (man muss gute Stimmungen einfach nutzen). Bei schlechten Ergebnissen nennen Sie das Ganze »Trostmenü« – und weil Sie so gut und mitfühlend sind, leiern Sie ihm eine schöne Urlaubsreise aus den Rippen (man kann auch schlechte Stimmungen nutzen!).

DAMIT KÖNNEN SIE GLÄNZEN!

Echte Fans haben die Macht, die natürliche Distanz zwischen Zuschauer und Spielgeschehen aufzuheben, wie ein Beispiel aus dem Jahr 1919 zeigt: Damals spielten die besten Berliner Mannschaften in einer Berliner Liga. In einem dieser Spiele ging es darum, ob der Berliner FV oder Hertha BSC absteigen musste. In einer an sich spielentscheidenden Szene, als ein Kicker des Berliner FV bereits den Hertha-Torwart umspielt hatte und das Leder unweigerlich dem Hertha-Tor entgegenrollte, stürmte ein Zuschauer auf das Spielfeld und klärte für die verblüffte Hertha auf der Linie, indem er ihn ins Feld zurückschoss! Da der Ball so zu keinem Zeitpunkt *hinter* der Torlinie war, konnte der Schiedsrichter dieses unzulässig verhinderte Tor dennoch nicht geben. Zwar wurde der dreiste Fan nach dem Spiel von empörten Berliner-SV-Fans ordentlich verdroschen, im Ergebnis blieb es jedoch bei einem Unentschieden, was Hertha den Klassenerhalt sicherte.

Richtig anstrengend wird das Thema Fußballübertragung im Fernsehen jedoch für all jene Fußballbräute, deren Partner nicht nur bei wichtigen Länderspielen vor der Mattscheibe sitzen, sondern eigentlich immer, wenn Fußball im Fernsehen kommt. Und das ist im Zeitalter des Privatfernsehens verdammt oft!

Das hat in erster Linie mit den Spieltagen der ersten und zweiten Fußballbundesliga zu tun.

Wer spielt da eigentlich?

Die 1. Liga spielt immer samstags und sonntags, in den so genannten englischen Wochen jedoch auch dienstags oder mittwochs.

Die 2. Liga spielt feitags und sonntags.

Das jeweilige Spitzenspiel wird am Montagabend live im Fernsehen übertragen. Fußball findet also fast die ganze Woche statt, so der aktuelle Stand. Denn je nachdem, wer im nächsten Jahr die Übertragungsrechte kauft, ändern sich auch einzelne Spielzeiten. Die Macht der Sender (und ihres Geldes) ist sehr groß geworden.

Einmal abgesehen davon, dass es mittlerweile reine Sportkanäle gibt, in denen eigentlich permanent irgendwelche aktuellen oder historisch bedeutsamen Partien gezeigt werden, kann sich der passionierte Fan so allein am Wochenende (also in seiner Freizeit) durch diverse Fußballsendungen hangeln:

Bereits Freitagabend gibt's bei *Hattrick* Ergebnisse der 2. Liga, der Klassiker im Ersten, die einstige *Sportschau*, liefert am frühen Samstagabend mit *Bundesliga-Fußball* die Ergebnisse der 1. Liga, das *Aktuelle Sportstudio* ab 22 Uhr im ZDF vertieft den Spieltag mit prominenten Gästen noch einmal im lockeren Talk, gefolgt von der *Sportschau* am Sonntagabend in der ARD und den diversen Zusammenfassungen in den Sportkanälen. Nicht eingerechnet sind hier die vielen Sonderausgaben bei Länderspielen und die Regionalsender mit ihren Übertragungen. Da kommt ganz schön viel zusammen.

Das hat natürlich auch damit zu tun, dass das Fußballgeschehen im Fernsehen ständig um Wettkämpfe erweitert wird, die alle ihr Recht auf Übertragung einfordern. Längst sind die Zeiten von Bundesliga, ein bisschen DFB-Pokal und Länderspielen allein vorbei – Champions League, UEFA-Cup, UI-Cup, Confederations-Cup und Olympia wollen auch gezeigt und konsumiert werden. Und das kostet Sendeminuten. Kostet? Na ja, dank Werbeblöcken steht dahinter natürlich ein Riesengeschäft. Aber das ist ein anderes Thema …

DIE WICHTIGSTEN TURNIERE IM ÜBERBLICK:

Erste Fußball-Bundesliga – Hier kämpfen Jahr für Jahr die besten deutschen Vereine in einer Hin- und Rückrunde um die Meisterschale (Deutscher Meister). Die drei schlechtesten Mannschaften steigen dann in die zweite Liga ab.

Zweite Fußball-Bundesliga – die zweite Garde sozusagen. Die drei besten steigen am Ende der Saison auf, die drei schlechtesten müssen im nächsten Jahr Oberliga spielen.

DFB-Pokal – eigentlich eine tolle Einrichtung. Denn teilnehmen kann jeder zugelassene Verein. Gespielt wird deutschlandweit nach einem ausgeklügelten System, in dem immer wieder »große Mannschaften« auf vermeintlich ungefährliche Dorfkicker treffen. Genau dieses David-gegen-Goliath-Prinzip macht den besonderen Reiz des DFB-Pokals aus – kommt es doch immer wieder zu spektakulären Favoritenstürzen. Allerdings stehen dann im Pokalfinale meist doch Erst- und Zweitligamannschaften.

Champions League – oder auf Deutsch auch

Europapokal genannt. Hier spielen die Europäischen Landesmeister (also auch der jeweilige Deutsche Meister) um den Titel der besten europäischen Vereinsmannschaft.

Europapokal der Pokalsieger – ein Einsatzgebiet des DFB-Pokal-Siegers. Ein Turnier, das mittlerweile abgeschafft wurde.

UEFA-Cup – Hier spielen die vier Mannschaften hinter dem jeweiligen Landesmeister mit anderen europäischen Erstligamannschaften um den UEFA-Pokal; jene Mannschaften also, die es nicht in die Champions League geschafft haben.

UI-Cup – praktisch eine Stufe darunter, das heißt jene Teams, die den UEFA-CUP knapp verpasst haben. UI-Cup-Mannschaften können sich über verschiedene Ausscheidungskämpfe allerdings dorthin qualifizieren, der UI-Cup-Sieger kommt automatisch in den UEFA-Cup-Wettbewerb.

Confederations-Cup – Ein noch recht junger Wettkampf (sieben Turniere seit 1992), bei dem alle Kontinentalmeister plus das Gastgeberland der jeweils anstehenden Fußballweltmeisterschaft ein Jahr vor der WM um den Confederations-Pokal spielen. Der Cup ist vor allem bei den Nationaltrainern als Testlauf hoch im Kurs.

Und dann gibt es natürlich noch die **Europameisterschaft (EM) und Weltmeisterschaft (WM)** mit all ihren Qualifikationsspielen, die diversen Turniere auf anderen Kontinenten – und nicht zuletzt die **Olympischen Spiele**.

Kleiner Tipp: Die aktuellsten Informationen zu den jeweiligen Turnieren gibt es auf den Internetseiten des DFB (wenn es um deutsche Belange geht), der UEFA (bei europäischen Belangen) oder der FIFA (bei Weltmeisterschaften).

Fazit: Fußball im Fernsehen bindet Zeit, Energie, Konzentration und Nerven – und damit sollten Sie umgehen können. Ein kleines Trainingsprogramm vor größeren Ereignissen wie der WM ist daher durchaus sinnvoll, um den Blick zu schulen, das Hintergrundwissen aufzufrischen und so den eigenen Genuss beim Kick vor dem Fernseher zu erhöhen. Das bringt nicht nur Sie ins Spiel, sondern auch Ihrem Herzblatt größeres Vergnügen. Denn der genießt buchstäblich doppelt, wenn Sie richtig dabei sind!

Und das sagen die Profis – Statement von Steffen Rieger

Steffen Rieger, Jahrgang 1970, war selbst 17 Jahre aktiver Fußballer und Trainer (unter anderem Landes- und Oberliga) sowie **Dozent in der Fußballausbildung** am Institut für Sport und Sportwissenschaft der Universität Heidelberg. Er unterrichtet heute an einem Gymnasium Sport, Mathematik und Informatik und lebt in Heidelberg.

Was sind die fünf größten Fauxpas (rote Karte!), die eine Frau beim Fußballschauen vor dem Fernseher begehen kann?

- Sie fragt nach einer Stunde, wer denn nun die Mannschaft in den weißen Hosen ist.
- Sie jubelt bei einem Eigentor für die eigene Mannschaft.
- Sie will ständig über irgendetwas reden.
- Sie sympathisiert mit der »falschen« Mannschaft.
- Sie fragt ständig, wie lange es noch geht.

Was bringt Sie demgegenüber zum (positiven) Staunen?

- Wenn schwierige Regelentscheidungen korrekt kommentiert werden.
- Wenn sie Ahnung von Taktik und Spielsystem hat.

Schauen Sie Fußball lieber getrennt – um später zusammen zu feiern?

Nö, zusammen ist schon lustiger.

Gibt es bestimmte Regeln auf der Couch (Essen, Verhalten, Gemütlichkeit)?

Essen und trinken ist natürlich erlaubt, kuscheln eher nur bedingt. Bei »wichtigen« Spielen (zum Beispiel WM) auf keinen Fall.

Wie wichtig sind Ihrer Meinung nach Fußballregelkenntnisse für Frauen?
Positive Emotionen für ein Spiel sind wichtiger als die perfekte Regelkenntnis.

Darf frau während des Spiels nach Regeln fragen?
Nein, höchstens in der Halbzeit!

Wie sehen Sie am liebsten Fußball?
Auf der Couch liegend/sitzend.

Ist Ihre Frau dabei?
Manchmal, aber eher nur bei großen Ereignissen.

Der perfekte Fußballabend

Na klar, Sie können es sich einfach machen und Ihren Kerl einfach ins Trainingslager verbannen. Weit weg, oder auch nur ein paar Schritte, zu Schwiegervätern, Brüdern, Freunden oder in die Kneipe um die Ecke. Dort, denken Sie, sollen sich die Jungs dann vor dem Fernseher oder auf dem Sportplatz austoben und erst dann wieder nach Hause kommen, wenn ihre Bierfahne verflogen ist und sie bereit für eine Dusche sind.

Und wenn er dann etwas erzählen will, stellen Sie die Ohren auf Durchzug und warten, bis der Wörtersturm vorbei ist, streicheln ihm mal eben über den Kopf und erinnern ihn dann zwischen zwei Sätzen, dass er das Auto noch in die Garage fahren muss. Oder den Rasen mähen. Oder das Altglas in den Container bringen.

Eigentlich könnten Sie sich dann auch noch eine *Mutti ist die Beste*-Küchenschürze umhängen, denn mehr sind Sie in diesen Augenblicken wirklich nicht. Mutti. Schwester. Asexuell und beziehungsunfreundlich, wie es nur eben geht. Klingt hart. Ist aber so – tut uns Leid. »Ach ja?«, hören wir Sie schnippisch fragen. »Reicht es nicht, dass ich ständig das Tor-Geschrei in den eigenen vier Wänden habe? Soll er doch mit seinen Kumpels die Bude vollqualmen und Zigaretten auf dem Parkett ausdrücken.«

Stellen Sie sich vor, Ihr Partner würde so von Ihrem Freundinnenabend sprechen. Der dickste Krach wäre ihm sicher – und zur Strafe würden Sie mit der Kreditkarte gleich noch einmal ein paar Stunden um die Ecken ziehen. Ein bisschen Prada findet sich immer! Das nennt man dann nicht nur Reaktion, sondern auch Strategie. Frei nach dem Motto: Das hat er nun davon. Es wird ihn eines Besseren lehren. Manche Männer lernen nur durch Schmerz – und zwar den Schmerz, der sich beim Anblick eines geschröpften Kontos ausbreitet.

Aber Strategie muss nicht prinzipiell *gegen* etwas sein, sondern kann auch *für* eine Sache stehen. Und genau um diese Art von Strategie geht es in diesem Kapitel: Was können Sie tun, um die besten Voraussetzungen für einen perfekten Fußballabend zu schaffen? Im Grunde geht es um Liebe. Wenn zwei Menschen sich zusammentun und wenn sie verschiedenen Geschlechtern angehören, dann ziehen auch verschiedene Bedürfnisse mit in die Beziehung ein. Der »andere« ist »anders«. Interessiert sich für Dinge, die uns nicht interessieren. Hört eine Musik, die wir grauenvoll finden. Erfreut sich an Gegenständen, die wir sofort (und mit Schutzhandschuhen) auf den Sondermüll bringen würden. Er ist manchmal komisch angezogen, und seine Witze sind nicht immer so treffsicher wie die Bälle einiger Fußballspieler. Das ist die nackte Wahrheit. Und: Es ist Liebe!

Wenn Sie sich entschieden haben, mit einem Mann zusammen zu sein, obwohl er karierte Socken trägt oder Comic-Krawatten, dann muss etwas Starkes zwischen ihnen sein, eine Verbindung, die vieles trägt und auch erträgt. Zu Letzterem wurde in der Vergangenheit oft der Fußball gezählt.

»Hauptsache bald vorbei.«

»Mach die Wohnzimmertür zu.«

»Stör bloß Papi nicht!«

Aber wie wäre es, wenn Sie sich einfach dazu entschließen würden, Fußball als ein Abenteuer zu sehen, das es zu entdecken gilt? Vieles haben Sie schon darüber gelesen und gelernt, aber nun geht es um den Herzschlag und die Belebung des Blutes. Das ist Ihre Aufgabe. Niemand kann Ihnen diesen Spaß einhauchen. Sie allein haben die Macht zu sagen: Ich entscheide mich jetzt mal dafür, neugierig zu sein und Fußball als ein Erlebnis zu betrachten. Damit wären wir also weg von diesem Typ in den karierten Socken – und ganz bei Ihnen.

Wir können nur uns selbst verändern. Der Versuch, andere Menschen oder gar den Partner »umzukrempeln«, ist zum Scheitern verurteilt. Diese Erfahrung haben Sie sicher schon gemacht. Man redet sich den Mund fusselig, macht Vorschläge (die dann abgenickt, aber nicht durchgeführt werden), und am Schluss verzieht man die Mundwinkel und denkt sich: Na, das hätte ich auch einer Parkuhr erzählen können. Sparen Sie sich also gute Worte und Vorschläge, überlegen Sie lieber selbst, was Sie tun oder verändern können, damit König Fußball kein Diktator ist, sondern in Ihrem Heim ein gern gesehener Gast.

Nachdem Sie nun die Grundzüge des Fußballspiels kennen, das Verhalten Ihres Liebsten während einer Fußballübertragung ausführlich studiert haben und einiges darüber wissen, was beim Kick geht und was nicht, dürfte Ihnen das nicht nur leicht fallen, sondern auch Vergnügen bereiten.

»Gemeinsam vor dem Fernseher«, ist das nicht ein wunderbares Thema? Und versprochen, Sie brauchen für den perfekten Fußballabend nichts zu basteln, zu färben, und auch tiefe Seelengespräche sind in diesen Stunden nicht gefordert. Eigentlich ist das Ganze sehr entspannend. Beine baumeln lassen und andere rennen sehen.

Möglich, dass Sie sich nun denken, als perfekte Fußballbraut will ich dann aber auch super perfekt sein. 120 Prozent und nicht 100. Wir entgegnen Ihnen, 70 bis 80 Prozent Engagement reichen. Sparen Sie sich für diesen Anlass also den Blick ins Internet. Wenn Sie über eine Suchmaschine den Begriff »Fußballabend« eingeben, werden Sie mit Links förmlich bombardiert, die Sie alle irgendwie nicht richtig oder nur in Teilbereichen weiterbringen: Denn neben zahlreichen Presseartikeln über einzelne Fußballabende (wobei in der Regel das Spiel selbst gemeint ist), stoßen Sie vor allem auf Kochrezepte für den Fußballabend (die regelmäßiges und fassungsloses Kopfschütteln bei uns auslösten), Deko-Tipps für das Wohnzimmer (mit dem flotten Charme der fünfziger Jahre), Produktwerbung (von Einladungskarten mit Toooor-Geschrei bis Fotokopierern), Flirtportale (in denen der Fußballabend offenbar als Kontaktbörse entdeckt wurde) und unsägliche Callboy-Angebote für die verschmähte Gattin. Alles irgendwie unbrauchbar für den Alltag einer ganz normalen Fußballbraut, die sich mit dem Thema Fußball nicht nur versöhnt hat, sondern sich diesem Ballspiel sogar liebevoll annähert. Obwohl, die Sache mit den Callboys, die könnte man vielleicht wirklich einmal überprüfen. (Instinktiv befürchten wir allerdings derangierte und viertklassige Liebesspieler – die anderen schauen nämlich Fußball!).

Um was geht es an diesem Abend? – Die Eckfahnen

Für die Planung eines Fußballabends sind diese schnell gesteckt: Das Spiel fängt um eine bestimmte Uhrzeit an und ist höchstwahrscheinlich zu einer bestimmten wieder beendet. Dazwischen ist Halbzeit. In den Spielzeiten sind verschiedene Grundbedürfnisse zu beachten. In der Halbzeit auch. Ganz konkret geht es um die folgenden Punkte.

SO PUNKTEN SIE BEI IHREM LIEBSTEN!

- Das passende **technische Equipment**, um die bestmögliche Übertragungsqualität und ein richtig gutes Bild sicherzustellen.
- **Ruhe** – damit Sie ungestört, aufmerksam und hochkonzentriert bei der Sache sein können.
- **Gemütlichkeit** – also eine heimelige Atmosphäre und bequeme Möbel, die auch noch Verlängerung und Elfmeterschießen locker vertragen, Kissen und Decken.

- **Gaumenfreuden**, die zum Anlass passen, gut schmecken und dabei so wenig Aufmerksamkeit wie möglich vom Konsumenten fordern (damit nicht zu viel auf das Polster fällt).
- **Outfit** – wissen, was man trägt! Hier trennt sich die Spreu vom Weizen.
- **Solidarität** – die sich in Maskottchen, Fanartikeln und natürlich Ihrem Verhalten ausdrücken kann.
- **Kompetenz**, die Sie zeigen, indem Sie den Spielverlauf angemessen (!) kommentieren.
- **Gesellschaft** in Form von Gleichgesinnten, wenn der Anlass dazu geeignet ist.
- Eine **Überraschung** für hinterher – als kleiner Siegpokal, falls die favorisierte Mannschaft tatsächlich gewonnen hat, oder als Trostpreis, wenn es schief gegangen ist.

Klingt eigentlich nicht viel komplizierter als das Candlelight-Dinner, das Sie so lieben, oder?

Beginnen wir mit dem einfachsten, dem **technischen Equipment**. Den Fernseher haben Sie ja schon, vermutlich steht er sogar an exponierter Stelle. Trotzdem gilt es zu überprüfen (vor allem dann, wenn Gäste kommen), ob der Standort tatsächlich günstig ist: Blendet das Tageslicht auf dem Bildschirm (also Raum abdunkeln!)? Oder ist abzusehen, dass nicht jeder Gast von seinem Sitzplatz aus gute Sicht auf das Geschehen hat? Möglicherweise ist das Gerät zu klein, um in einen wirklichen Spielgenuss zu kommen –

ganz gleich, ob allein oder mit Gästen. Dann wäre eine Systemerweiterung ganz passend – sei es auch nur in Form einer Leihgabe für den wichtigen Abend!

Wenn Sie einen echten Knüller in Sachen Beziehungspflege landen wollen, dann organisieren Sie doch einfach einen Beamer mit einer großen Leinwand. So etwas kann man ausleihen; unter Umständen haben Sie aber auch Freunde in Werbung, Event- oder Medienberufen – die haben solche Dinge meist im Schrank. Ein Kauf ist leider mit ziemlichen Kosten verbunden, für viele Männer jedoch das Nonplusultra. Für welche Beschaffungsvariante Sie sich auch immer entscheiden, ein Fußballabend im Kinoformat beschert Ihnen die fassungslose Freude Ihres Liebsten!

Falls Ihr Partner zu den Menschen gehört, die nach dem Spiel immer alles besser wissen, sich stets als Einzige ganz genau an einzelne Spielszenen erinnern können und oberlehrerhaft mit Sendungsbewusstsein ihr Wissen weitergeben, können Sie an eine Videoaufnahme des Spieles denken. Das klärt manche Uneinigkeit, lässt Besserwisser verstummen, und vielleicht wird Ihr Schatz sogar ertappt lächeln, weil er denkt: »Meine Güte, kennt sie mich gut!« Zudem ist es unter Umständen ganz nett, gewisse Spielszenen noch einmal Revue passieren zu lassen.

Kommen wir zur nächsten Säule des gelungenen Abends: der **Ruhe**. Damit wir uns nicht missverstehen: Gemeint ist hier natürlich keinesfalls eine Art Grabesstille, wie sie in der Schule bei wichtigen Klausuren herrschte. Nein, Ruhe umschreibt hier eher ein Gefühl, eine innere Grundhaltung, die natürlich auch dadurch zustande kommt, dass Sie externe Störfaktoren wie Telefon, pochende Heizkörper, unangenehm laute Haushaltsgeräte oder auch Straßenlärm von vornherein eliminieren. Wenn Fußballer »Ruhe ins Spiel bringen«, bedeutet dies vor allem Ballkontrolle. Ein Bild, an das Sie sich ruhig halten können, denn nichts anderes ist im übertragenen Sinne beim Fußballabend gefragt: Wenn Sie von Anfang an gut planen und alle Eventualitäten einkalkulieren, dann haben Sie die Fäden in der Hand, und nichts kann Sie hektisch und nervös machen. Zumindest nichts, auf das *Sie* Einfluss haben. Und das wirkt sich positiv auf die Stimmung, den Spaß, die Konzentrationsfähigkeit und Aufmerksamkeit aus – bei allen.

Eng damit zusammen hängt unser nächstes Thema: die **Gemütlichkeit**. Nun sind Einrichtung und Gestaltung bekanntlich Geschmackssache, weswegen wir uns also davor hüten, Ihnen hier Tipps geben zu wollen. Ein paar Grundregeln lassen sich jedoch im Designer-Loft ebenso verwirklichen wie im Landhauszimmer oder zwischen Gelsenkirchener Barock! Das Wichtigste dabei: Nur wer bequem sitzt, fühlt sich wohl. Klingt banal, ist aber in der Praxis gar nicht so einfach. Denn nicht jede exquisite Ledercouch lädt zum Anlehnen ein, nicht jeder Sessel verspricht, was er hält, die Esszimmerstühle sind ohnehin tabu. Auch den Klappstuhl vom Balkon können Sie ruhig draußen lassen! Darauf haben sich doch schon Hunderte von Menschen ihre Hintern eingeklemmt – es sei denn, und das wäre eine Variante, Sie feiern in einem Schrebergarten. Doch das ist dann wieder ein ganz anderes Thema …

Unser Tipp: Wenn Sie keine bequemen Sitzmöbel haben, machen Sie einfach ein Sit-in auf dem Boden. Ein paar gemütliche Kissen auf weichem Teppich genügen – und schon bekommt Ihr Fußballabend einen exotischen Anstrich mit dem Flair von WG und Studentenbude. Manche werden da richtig nostalgisch! Andere fangen aber auch an zu bröseln oder zu kleckern. Wie es eben »damals« war. Am besten kalkulieren Sie das mit ein, nehmen Vitamin B für die Nerven und summen innerlich (während des ganzen Spiels) das Mantra: »Man kann alles waschen, reinigen und putzen!«

Auch die Beleuchtung ist ein entscheidender Faktor in Sachen Gemütlichkeit. Energiesparlampen sind zwar ökologisch sinnvoll, verbreiten aber leider in den seltensten Fällen ein schönes Licht. Besser ist herkömmliche indirekte Beleuchtung, die den Blick nicht vom Fernseher ablenkt, dabei aber gleichzeitig für so viel Licht sorgt, dass man den Aschenbecher nicht mit dem Schälchen für die Salznüsse verwechselt. Kerzen sind in diesem Fall übrigens eine absolute Fehlbesetzung, da sie beim Kick eher Grabesstimmung und vor allem ein lästig flackerndes Licht verbreiten!

Kommen wir zu den **Gaumenfreuden**. Oberste Regel hier: keine Experimente! Im Klartext heißt das: Vergessen Sie Ihren japanischen Abend mit Stäbchen, verzichten Sie auf Spaghetti, und verkneifen Sie sich das teure Sushi, auch wenn es als Fingerfood ach so praktisch ist. Denn das sollte Ihnen klar sein: Im Grunde ist es Ihrem Liebsten und seinen/Ihren Gästen egal, was es zu essen gibt, Hauptsache, es lenkt nicht ab und schmeckt irgendwie nach Fußball. Ja, Sie haben richtig gehört, es gibt Gerichte, die nach Fußball schmecken! Dazu gehört an oberster Stelle die Brat- oder Currywurst, gern in der Variation »Fortuna« mit Ketchup *und* Mayonnaise, übrigens ein Dressing, das sich auch auf Pommes gut macht. Mit im Bunde sind Frikadellen, Schnittchen (ja genau, die von Mutti), jegliche Art von Fastfood (allerdings nur bei Jüngeren), Nudel- und Kartoffelsalat (für die Halbzeitpause), Chips, Salzstangen und Erdnüsse für nebenbei – und natürlich Bier. Hinzu kommt etwas süße Nervennahrung, falls es ernst wird.

Der Vorteil an diesem Speiseplan ist Ihnen vermutlich schon beim Lesen aufgefallen: Macht alles keine Arbeit! Frikadellen, Fastfood, Süßes, Salzkram und Bier gibt es fertig zu kaufen. Nudel- und Kartoffelsalate sind in der Herstellung weder besonders teuer noch anspruchsvoll. Außerdem eignen sie sich bei Fußballabenden mit Gästen hervorragend dafür, outgesourct zu werden (sprich: seinem besten Freund und seiner Partnerin aufs Auge zu drücken). Man muss nicht alles selbst machen. Schon gar nicht im Haushalt und in der Küche.

Bleiben also noch die Schnittchen. Die sind praktischerweise nur dann so richtig »echt«, wenn sie mit bereits geschnittenem Graubrot aus der Tüte kreiert werden. Die Verzierung kommt aus der Tube und ist weiß (Mayo), weiß gesprenkelt (Remoulade) oder gelblich (Meerrettich), aufgepeppt wird das Ganze mit Mixed Pickles aus dem Glas. Wenn es unbedingt frisch sein soll, dann werden Radieschen, Tomaten oder Gurkenschnitten gereicht. Von Karotten würden wir Abstand nehmen. Das ist schon wieder zu gesund. Alles in allem ist das schnell gewaschen und geschnitten, es gibt Schlimmeres an Vorbereitung. Fußball ist kein Schwiegermutterbesuch. Weder ein schön gedeckter Tisch noch eine ausgewählte Menüfolge sind gefragt. (Wir haben es schon mehrfach gesagt: Halten Sie sich an Vorbilder aus der Kindheit, Kindergeburtstage zum Beispiel. Nur dass hier das Topfschlagen aus dem Fernseher kommt. Wie praktisch!)

Wenn Sie Ihr Herzstück *vor* oder *nach* einem Länderspiel einmal so richtig überraschen wollen, dann organisieren Sie doch genau das Menü, das die Nationalelf am Abend zuvor zu sich genommen hat – das Internet macht es möglich. Der DFB-Koch verrät dort kulinarisch interessierten Fans seinen Speisezettel! Das ist ein echtes Überraschungsmoment (»Wie? Du kennst die Seite vom DFB?«), und sollte Ihr Liebster gerne kochen, dann könnten Sie die Zubereitung als netten Beziehungs-Event betrachten.

Nicht ganz so einfach gestaltet sich für viele von uns die Frage des korrekten **Outfits**. Zugegeben: Ein Trainingsanzug passt irgendwie immer. Aber ist es auch der richtige für den perfekten Fußballabend? Lassen wir doch das klassische Kicker-Outfit gesammelter Vorurteile einmal vor unserem inneren Auge passieren. Was sehen wir? Auf dem Platz die üblichen Trikots, na klar. Aber dann, daheim und in der Freizeit, kommen sie, die grauenhaften Bilder: Trainingsanzüge aus glänzendem Synthetik, deren Hosenbeine in weiße Tennissocken gestopft sind, die wiederum in (ja, ja, ja!) Adiletten stecken! (Zu Ihrer Information: Adiletten sind die ersten Badeschlappen, die in den sechziger Jahren ihren Siegeszug begannen und seither aus dem Leben der Kicker und ihrer Fans nicht mehr wegzudenken sind!) Das Oberteil des Trainingsanzugs ist per Reißverschluss gern bis zu den Brusthaaren geöffnet und gibt so den Blick auf eine dicke Goldkette frei. Andernfalls ist darunter das Vereinstrikot aus Kunstfaser und in Knallfarben zu sehen. Modischer Höhepunkt ist jedoch die Haartracht im zeitlosen »Vokuhila-Look« (sprich: vorne kurz, hinten lang), im Einzelfall per Dauerwelle noch ein wenig aufgepuschelt. Können Sie es vor sich sehen?

Zu schade, dass es diesen Kickertypus heute nur noch selten gibt. Auch die Frau an seiner Seite hat sich verändert, wenngleich nicht ganz so stark. Denn noch immer beherrscht übertriebener Goldschmuck ihre gesamte Erscheinung, im Idealfall kombiniert mit viel zu enger Kleidung (als Ersatz für die guten alten Leggins) und Stöckelschuhen. Blond ist immer noch die bevorzugte Haarfarbe, ultimatives Volumen – fixiert mit Batterien von Haarspray – gehört auch dazu. Victoria Beckham, die Gattin des englischen Fußballstars David Beckham, ist ein lebendes Beispiel.

Was aber bedeutet dieser offenbar doch vorhandene Dresscode für unseren perfekten Fußballabend? Das entscheiden ganz allein Sie! Wenn Sie dem Faktor Outfit keine besondere Bedeutung beimessen möchten, dann lächeln Sie einfach über den typischen Fußball-Look, lassen sich von Ihrer weiteren Planung jedoch nicht unnötig ablenken. Wenn Sie aber der Meinung sind, damit ließe sich etwas machen (und Ihr Liebster hat Sinn für Humor!), dann sollten Sie zur Tat schreiten und in Kleiderkisten, Schrankecken und Kellerschränken nach Relikten aus den siebziger und achtziger Jahren suchen.

Fortgeschrittene, die den gemeinsamen Fußballabend als *wirkliches* Event betrachten, gestalten den Abend als Verkleidungsparty und laden Gäste und Freunde mit bestimmten Vorgaben ein. Was soll das dümmliche Halloween, wenn wir doch eigene Fußballtraditionen haben! »Kostümparty WM-Fußball«… das klingt ziemlich gut. Aber nicht vergessen, beim Anpfiff wird es unter der Perücke ernst.

SO PUNKTEN SIE BEI IHREM LIEBSTEN!

Planen Sie gemeinsam einen »echten« Fußballabend – und empfangen Sie Ihre Gäste in knallengen Leggins, Maxi-Shirt mit seitlichem Knoten darüber, unmöglichen Pumps, sagenhaft viel Schmuck und hochtoupierten Haaren. Ihren Schatz stecken Sie ganz einfach in seine Lieblingsklamotten – in 90 Prozent der Fälle handelt es sich um genau die Stücke, die wir oben beschrieben haben. Und nicht vergessen: Fotos machen – so ein Abend macht wirklich Spaß, wir sprechen da aus Erfahrung.

Womit wir auch schon beim nächsten strategisch wichtigen Punkt wären: der **Solidarität**. Es stehen Ihnen viele Wege offen, Ihre Solidarität mit ihm und seiner Mannschaft zu zeigen. (Vorausgesetzt, Sie möchten das. Wenn nicht, kann auch die Gegenposition kultiviert werden, warum nicht. Solidarität heißt dann, den anderen zu tolerieren.) Da wäre zunächst Ihr Verhalten: Gehen Sie mit, lassen Sie sich auf das Spiel ein, und vermeiden Sie eine arrogant-distanzierte Haltung – schließlich wollen Sie den Abend doch auch genießen!

Sichtbares Zeichen Ihrer Solidarität können einzelne Kleidungsstücke wie Vereinstrikot oder Kappen sein, aber auch Fahnen, Fähnchen und Wimpel zum hektischen Mitschwenken. Wenn Sie ihn besonders eindringlich von Ihrer solidarischen Haltung überzeugen wollen, hängen Sie die Vereins- oder Landesfahne zum großen Tag aus dem Fenster, schenken ihm den offiziellen Fan-Artikel-Katalog seines Vereins und dekorieren das Zimmer farblich passend. Skurrile Tipps dazu finden Sie im Internet auf der Seite seines Vereins.

Sollten Sie und Ihr Herzblatt bevorzugt im Schlafzimmer auf den Bildschirm starren, kommt Bettwäsche in den Vereinsfarben besonders gut an. Und wenn Ihnen das alles zu albern ist, dann lassen Sie den ganzen Merchandising-Quatsch einfach weg und zeigen stattdessen durch Ihr fundiertes Wissen, wie wichtig Ihnen das Spiel, die Mannschaft – und damit auch Ihr Partner sind!

Dafür müssen Sie allerdings die notwendige **Kompetenz** an den Tag legen. Haben Sie sich vor dem Spiel umfassend informiert und sind mit den Mannschaften und ihren bevorzugten Taktiken vertraut, ist das ein Kinderspiel. Stehen Sie allerdings noch am Beginn Ihrer Karriere als Fußballbraut, müssen Sie sich auf Ihr Gefühl verlassen. Keine Bange – Frauen sind darin perfekt!

Sie möchten die Taktik auf dem Spielfeld erkennen und Ihr Fachwissen adäquat kommunizieren – verfügen aber über keine besonders ausgeprägte Vorbildung? Kein Problem, das schaffen Sie! Lehnen Sie sich entspannt zurück (und nicht an ihn an, das mag er im Moment nämlich nicht. Fußball ist kein Kuschelrock!), und konzentrieren Sie sich auf das Spiel, insbesondere auf die Nahaufnahmen:

- Was passiert in den Gesichtern der Spieler?
- Wer wirkt angespannt?
- Wer verbissen?
- Wer unausgeschlafen?
- Wem steht der Erfolg bereits auf die Stirn geschrieben?
- Welcher der Spieler hat »Migräne«?

Als Gefühlsfachfrau, die Sie nun einmal sind, können Sie bereits in wenigen Sekunden die Stimmung auf dem Platz erkennen und mit Ihrer Analyse starten. Verschaffen Sie sich einen Überblick, und ordnen Sie alle Informationen ein. Wenn nötig stellen Sie auch Fragen (aber nur, wenn wirklich erforderlich!). Treffen Sie dann Ihre Entscheidungen: Wer könnte sich als der beste Spieler herauskristallisieren? Welche Mannschaft hat das Charisma der Gewinner? Welcher der beiden Trainer wirkt schon jetzt freudig erregt, welcher tief bekümmert?

Möglicherweise fällt Ihnen das alles ein wenig schwer.

Und jetzt schon laut kundzugeben, was Sie denken, ist normalerweise nicht erste Frauenregel. Doch seien Sie unbesorgt, posaunen Sie hinaus, was immer Sie auch meinen und denken – es hört Ihnen zunächst sowieso keiner zu. Selbst wenn Sie irritierte Blicke und Kopfschütteln ernten, das geht ganz schnell vorbei – und alles, was Sie gesagt haben, ist augenblicklich wieder vergessen. Ein kleiner Wortschwall im großen Geschehen der Fußballwelt (Sie kennen nun bereits das Fachwort: Es versendet sich!). Dieses Überhören, das Sie als Ignorieren auslegen könnten, aber nicht sollten, zielt nicht gegen Sie als Frau. Auch die Männer hören einander nicht wirklich zu. Eingeworfene Kommentare und Zwischenrufe werden eher wie Grunzlaute wahrgenommen, die der Gruppe vor dem Fernseher das Signal vermitteln: Wir sind noch alle miteinander da.

Und wie können Sie Ihre Kompetenz zeigen? Ganz einfach: Sie müssen »technomotorisch« adäquat handeln. Techno-was? Na ja, typisch männlich eben. Und das bedeutet, dass Sie aus der Ruhehaltung, dem entspannten Anlehnen, plötzlich in eine Haltung und Aktivität wechseln, die das Spiel vor dem Fernseher unterstützt. Körperlichkeit ist bei Männern immer wichtiger als das Gesagte. Sie können also während einer Fußballübertragung jedweden Blödsinn von sich geben, und es wird nicht bemerkt. Stimmt aber Ihre Körperhaltung mit männlichen Mustern überein oder nicht, werden Sie entweder gehört oder nicht. Das ist praktisch und einfach. Die Vorbereitungszeit geht in Richtung null.

Übung: Nehmen Sie eine gewisse gespannte Grundhaltung ein. Wenn möglich beugen Sie sich vor, so als wollten Sie in den Fernseher kriechen. Häufige Wiederholungen von Gesten prägen sich besser ein und sind zuträglicher als ein elendes Gezappel auf der Couch. Korrigieren Sie Ihre Haltung immer wieder, und achten Sie darauf, ihm nicht auf die Pelle zu rücken. Ergänzen Sie dann Ihre Worte durch den entsprechenden körperlichen Ausdruck:

»Warum rennt der denn nicht!« (Klopfen auf die Oberschenkel.)

»Vorbei!« (Mit einem kräftigen Schlag auf den Oberschenkel untermalen.)

»Spinnt der?« (Stoßen Sie ein genervtes »Ooooh« aus, und fassen Sie sich mit den flachen Händen an die Schläfen. Aber Achtung: Würden Ihre Hände am Kinn aufliegen und nur die Fingerspitzen an die Schläfen reichen, hieße dieser Körperausdruck: Sorge. Das passt nicht. Sparen Sie sich diese Geste für den Blick in Ihren Kleiderschrank auf. Wir drücken Ihnen die Daumen, dass er was bewirkt.)

Kapiert? Wenn Sie dann irgendwann lässig die Arme nach oben reißen, während Sie genervt feststellen: »Es war doch klar, dass zwei Sturmspitzen hier nichts ausrichten können«, oder beim gelungenen Elfmeterschuss nur ein kurzes

»Jawoll« ausstoßen und dabei ganz automatisch die Hand zur Faust ballen und ruckartig nach vorne bewegen, sind Sie schon auf der Zielgeraden.

Aber Vorsicht! Bei allem Engagement und gutem Willen sollten Sie mit Ihren Ausrufen nicht ganz so laut und in der Körpersprache nicht ganz so heftig wie Ihr Partner sein. Das würde auffallen, und im schlimmsten Fall käme die Reaktion: »Du tust ja grad so, als wärst du ein Mann!« Das tut weh, das sollten Sie vermeiden. Also, in der Lautstärke unter seiner bleiben. Alles andere hat keinen Wert, denn je mehr Sie sich ihm angleichen, desto deutlicher mutieren Sie für ihn zur Konkurrentin. Wenn Sie das möchten: in Ordnung Wenn nicht, ist etwas dezenteres Verhalten angebracht.

Nicht immer ganz einfach zu beantworten, aber sehr wichtig ist die Frage nach der passenden **Gesellschaft** für den perfekten Fußballabend. Natürlich ist uns klar, dass Sie den Abend am liebsten mit ihm allein verbringen möchten – man weiß ja nie, was danach noch kommt. Leider ist das jedoch nicht immer die Idealbesetzung. Denn ihm macht es erfahrungsgemäß vor allem bei Länderspielen besonders viel Spaß, in trauter Runde mit den besten Fußballspezis das Spiel zu erleben. Bei Länderspielen deshalb, weil hier die Solidarität der Zuschauer in der Regel vorprogrammiert ist, was vieles einfacher macht.

SO PUNKTEN SIE BEI IHREM LIEBSTEN!

Also sollten Sie bei Ihrer Planung unbedingt einkalkulieren, dass möglicherweise Menschen um Sie herum sind, die Ihnen nicht so sehr liegen, die vielleicht sogar eine andere Vorstellung von Fußball in Gesellschaft haben als Sie. Da hilft nur eines: Klarheit im Vorfeld! Sprechen Sie mit Ihrem Partner ab, was Ihnen wichtig ist. Ob das nun bedeutet, dass er Ihre Kompetenz vor seinen Kumpels betont, dass er Sie demonstrativ auf dem besten Platz vor dem Bildschirm platziert oder einfach nur besonders nett zu Ihnen ist (und sein Bier selbst holt), bleibt Ihnen beiden überlassen. Wichtig ist nur, dass es funktioniert – sonst endet der Abend garantiert im Streit.

Eines möchten wir Ihnen in diesem Zusammenhang aber dennoch mit auf den Weg geben: Üben Sie Toleranz! Das kann so weit gehen, dass Sie so richtig über Ihren eigenen Schatten springen müssen, um seine Gäste zu ertragen. Möglicherweise sind diese laut, ungehobelt und erzählen dumme Witze über Frauen, was Sie maßlos ärgert – und trotzdem sollten Sie diese Gesellschaft ab und zu in den eigenen Wänden willkommen heißen. Ihm sind diese Menschen wichtig (und sei es nur für die Dauer dieses Spiels), und schließlich akzeptiert er Ihre Freundinnen ja auch. Manchmal zwar nur murrend, aber er tut es. Also drücken

Sie ein Auge zu, und zücken Sie nicht sofort die rote Karte! Und noch einmal: Denken Sie an den Kindergeburtstag – der geht auch immer vorbei. Das weicht innere Frustrationen und Verhärtungen sofort auf!

In Ihrer Strategie fehlt nun noch ein Punkt: die **Überraschung**. Dabei handelt es sich um kein Muss, aber um eine nette Zugabe. Hier fällt es uns besonders schwer, Ihnen passende Tipps zu geben, denn Sie kennen Ihren Liebsten, wir hingegen nicht. Klar ist aber auch, dass eine Überraschung immer zieht, ganz gleich, was es ist und für welchen Zweck. Beim Abend zu zweit bieten sich beispielsweise Dinge an, welche die Gemeinsamkeit fördern oder gar inspirieren. Dazu zählen neben reizvollen Wäschestücken unter dem ausgeleierten Trikot ein delikater Champagnerimbiss nach dem Spiel, heimlich angeschaffte Tischfußball-Männchen (bekommen Sie im Spielzeugladen), Fußballbücher, WM-Poster oder anderes typisches Fan-Equipment. Achtung: Viele Überraschungen funktionieren nur, wenn das Spiel zuvor »gut« ausgegangen ist!

Sind Gäste im Haus, ist die kulinarische Überraschung immer noch die sicherste Nummer. Eisbomben, Kuchen oder simple Berliner kommen desto besser an, je später der Abend. Und sollte die eigene Mannschaft einmal so richtig eine auf die Mütze bekommen haben, gibt es ja immer noch einen Kasten Bier im Keller, oder? Schnell und einfallsreich: kleine Häppchen, die Sie mittels Garnierung zu »Trostpflastern« deklarieren. Oder aber Sie binden jedem Partygast einen Trauerflor um den Arm, der dann später von einer Hoffnungsflagge abgelöst wird, denn Sie wissen ja: Das nächste Spiel kommt bald, und das wird *ganz sicher* gewonnen.

Und das sagen die Profis – Statement von Sebastian Poliwoda

Dr. Sebastian Poliwoda, Jahrgang 1963, ist stellvertretender Direktor der Bayerischen Presseakademie in München, Dozent an mehreren anderen journalistischen Akademien – und eingefleischter Hannover-96-Fan. Der **Journalist** ist seit zehn Jahren Redakteur bei der *Süddeutschen Zeitung* (Innenpolitik), schreibt aber auch Reportagen für andere Publikationen von *taz* bis *Playboy*.

Was sind die fünf größten Fauxpas (rote Karte!), die eine Frau beim Fußballschauen vor dem Fernseher begehen kann?

- Einschlafen.
- Frisurentipps/Schuhkäufe/Kosmetika mit anderen Frauen austauschen.
- Fragen wie »Ist Wörns schwul?« oder »Wie lang ist denn der Michi Ballack schon verheiratet?« oder »Wie sieht denn die Frau vom Mertesacker aus?«.
- Apfelschorle trinken und für mich und die Kumpels einen knackigen Salat mit Tofu-Bällchen vorbereiten.
- Tupperware-Partys abhalten.

Was bringt Sie demgegenüber zum (positiven) Staunen?
Wenn meine Frau ihrer besten Freundin den Unterschied zwischen passivem und aktivem Abseits erklärt, inklusive der historischen Entwicklung der Abseits-Auslegung. Oder auch einfach Sätze wie »Der Kuranyi kann keinen Ball stoppen«.

Schauen Sie Fußball lieber getrennt – um später zusammen zu feiern?
Eigentlich nicht. Betonung auf »eigentlich« (siehe dazu die nächste Frage: Verhaltens- und Kleidungskodex).

Gibt es bestimmte Regeln auf der Couch (Essen, Verhalten, Gemütlichkeit)?
Wir veranstalten seit 1996 eigene EM- und WM-Studios in unserer Wohnung. Um daran teilnehmen zu dürfen, gibt es einen festen Verhaltens- und Kleidungskodex, der wie folgt aussieht:

Kleidungskodex Herren:

- Jogginghose, wahlweise Sporthose kniefrei, 100 Prozent Acryl oder Ballonseide.
- Adiletten oder Plastikslipper, wahlweise Birkenstocks, nicht jünger als zwei Jahre.
- Feinrippträgerhemd, Marke Schiesser oder Ähnliches.
- Als Talisman sind entweder ein Flaschenöffner oder ein Frischluftbäumchen, Duftnote »Bergwald«, um den Hals zu tragen. Zusätzlich wird mit einem Asbach Uralt belohnt, wer ein Tattoo mit der Aufschrift »Alles Schlampen außer Mutti« am Unterarm trägt.

Fakultativ:

- Sichtbare Schweißränder im Achsel- und/oder Lendenbereich werden mit einem Asbach Uralt belohnt.
- Sich zur Decke kröselnder Fußgeruch wird mit Beifall bedacht.
- Popeln ist ab der 2. Halbzeit gestattet.

Kleidungskodex Damen:

- Leggings, vorrangig glänzend, in Purpur/Lila/Pink und aus Acryl, wahlweise knielang.
- Weiße Tennissocken, Sandalen, frei in Farbwahl und Stil, nicht jünger als zwei Jahre, wahlweise Plateauschuhe (Sohle nicht unter 10 Zentimeter Dicke) von Buffalo, Feinrippträgerhemd, Marke Schiesser oder Ähnliches.
- Ananasfrisur.
- Als Talisman ist entweder eine Kette mit dem Namen des Freundes oder ein abwaschbares Tattoo am Oberkörper zu tragen, Motiv »Anker« oder »Vater ist der Beste«.

Fakultativ:

- Wer mit unrasierten Beinen und Achseln (mindestens vier Wochen alt, Länge wird nachgemessen) aufläuft, erhält Freigetränke für die komplette Zeit des Turniers.
- Wer zusätzlich sämtliche Finger und Zehen in den deutschen Nationalfarben lackiert hat, erhält ein Abendessen mit dem Nachbarn vom ersten Stock beziehungsweise mit einem jungen attraktiven Mann, der vom Studio-Leiter bestimmt wird.

Verhaltenskodex:

- Lautstarke Anteilnahme ist erwünscht.
- Das Absingen eines Lobliedes auf Hannover 96 wird mit jeweils einem Jägermeister belohnt.
- Unkontrollierte Schmährufe und starke Beschimpfungen des FC Bayern München werden mit jeweils einem Jägermeister belohnt.
- Unkundige haben sich jedweder Kommentare zu enthalten beziehungsweise werden bei Zuwiderhandlung noch während des Spiels in die Küche ausgesiedelt.
- Starker Verzehr von Knoblauch und Zwiebeln am Vorabend des jeweiligen Spieles wird begrüßt, ebenso die Enthaltung von jeglichen Parfums, Deodorants, Fußschweißstoppern und Ähnlichem.
- Durchdringendes Aufstoßen wird mit Beifall bedacht.
- Sympathiebekundungen für die falsche Mannschaft werden mit dem sofortigen Verzehr einer Sojamolke »auf Ex« geahndet.
- Wer bei Spielen, die an Werktagen zwischen 9:00 und 17:00 Uhr stattfinden, seinen Arbeitgeber nachweislich nicht über seine Abwesenheit informiert hat, wird mit einer Magnum-Flasche Asbach Uralt belohnt.

Nachtrag: Erstaunlicherweise beträgt unsere Frauenquote bei den bisherigen fünf EM- und WM-Studios gut 50 Prozent. Ein klares Zeichen dafür, dass Frauen entspanntes Fußballschauen schätzen.

Wie wichtig sind Ihrer Meinung nach Fußballregelkenntnisse für Frauen?
Unerlässlich. Das trennt sie von der Masse, macht sie erotisch. Sehr erotisch.

Darf frau während des Spiels nach Regeln fragen?
Nur während der Pause.

Wie sehen Sie am liebsten Fußball?
Konzentriert, ernst, schweigsam. Bis ein Tor fällt.

Ist Ihre Frau dabei?
Ja, weil sie dabei sein *will*. Nur deshalb habe ich sie geheiratet.

»Bleiben Sie dran!« – Krisenmanagement und emotionales Coaching beim Kick

Wie stellte bereits Fußball-Profi Carsten Ramelow fest? »Gerade zu Hause liegt unsere Heimstärke!« Damit meinte er nicht die Stärke in der Küche oder am Bügeltisch, keine besondere Gabe, was das Aufräumen völlig chaotischer Kinderzimmer betrifft, sondern die Stärke auf dem heimischen Stadionrasen. Das ist zwar nicht alles, was wir wollen, aber es ist ja vielleicht ein Anfang. Immerhin können wir ihm insofern Recht geben, dass wir dort, wo wir uns zu Hause fühlen – das kann ein Ort, eine Couch, eine Region oder ein Fachgebiet sein –, besonders gute Leistungen erbringen. Weil wir die Umgebung kennen und es Menschen gibt, die uns unterstützen, und alles zusammen löst dann ein Gefühl von Sicherheit und Stärke aus. Die Ramelow'sche Regel lässt sich auf viele Lebenssituationen übertragen. Für dieses Buch wollen wir sie für den Fußballabend daheim reservieren.

Feste zu gestalten bereitet den meisten Frauen Vergnügen. Es ist schön, Freunde und Bekannte einzuladen, das

Haus zu dekorieren, leckere Sachen zu kochen und während des Festes dann das Lob einzusammeln und ein wenig mit Freunden und Bekannten zu flirten. Flirten zu Hause ist viel unauffälliger als bei einem anderen Fest... aber gut, das ist nun wieder eine andere Heimstärke. Sie sehen, eine Heimstärke greift in die andere. Das ist der Vorteil beim Spiel zu Hause.

Gestaltet man Feste im eigenen Haus oder der Wohnung, dann hat man von der Beleuchtung bis zum Tischerücken alles im Griff. Man muss niemanden fragen, auch nicht ihn. Die Antwort der Männer lautet im Festvorbereitungsstress »Mach mal!« oder in der feineren Variante »Du machst das schon richtig!« Übersetzt heißt das nichts anderes als: »Oh, ich glaube, die Sache wächst mir schon jetzt über den Kopf, kann ich nicht einfach nur das Bier kalt stellen?«

Als Fachfrauen für partytechnische Abläufe und für Gefühlsdinge sind wir in der Lage, bei Festen und ganz sicher bei gemeinsamen Fußballabenden unsere »weichen Faktoren« einzusetzen. Das bedeutet, wir sind in der Lage, Extremsituationen zu meistern.

Fußball zu Hause ist eine Extremsituation

Was als einfache oder gekonnte Kickerei daherkommt, ist mehr als nur ein Ballgeschubse in zwei Halbzeiten und eventuell Verlängerung. Irgendwie nagt es an der Persönlichkeit, ja fast am Selbstwertgefühl des eigenen Mannes, wenn die Mannschaft Tore verhaut. Er ist auf dem Rasen dabei – und hat seine Mannschaft verloren, hat auch er die

Verliererkappe auf. Frauen würden einfach heulen. Männer heulen nicht, und deswegen staut sich in ihnen dann manches auf, was bei uns mit der Tränenflüssigkeit schnell abgeflossen ist. Damit müssen wir leben. Die Männer auch.

Es handelt sich also um eine Krise, wenn die gelbe oder rote Karte (natürlich zu Unrecht!) gezückt und Elfmeter falsch gegeben werden. Oder allein die Vorstellung, es könne das Unfassliche passieren und ein Eigentor fallen. Oder noch unfassbarer, gleich mehrere Eigentore. Wenn schon verlieren, dann anständig, was bedeutet, dass die andere Mannschaft gefoult hat oder der Schiedsrichter ganz klar voreingenommen war.

Leider reicht es nun nicht, die Taschentuchbox zu reichen oder zu sagen: »Wart mal, vielleicht hab ich noch was Süßes im Kühlschrank!« Besonders beim Fußballabend mit ihm allein gilt es, sich mit der Situation auseinander zu setzen. Es sind keine Freunde da, welche die angespannte Situation aufweichen. Er ist mit sich allein – und das heißt mit Ihnen. Während das Leder rollt, sind Sie also als Gefühls-Coach gefragt! Gut, dass es da ein paar erprobte Reaktionsmöglichkeiten gibt.

Halbzeit und Verlängerung – darauf kommt es jetzt an

Es ist ein schlechtes Spiel, und er ist schon nach 45 Minuten am Ende seiner Kräfte. Dabei ist doch erst Halbzeit! (Das ist die Zeit, in der Frauen noch mal richtig loslegen. Denken wir an die Midlife-Crisis!) Wie soll er die zweite Spielhälfte überstehen, ohne sich im Sofakissen zu verbeißen oder die Fernbedienung mit der bloßen Hand zu zerquetschen? Mit besorgtem Blick beobachten Sie, was da neben Ihnen auf dem Sofa vor sich geht. Es ist nicht schön, das nervöse Häuflein Elend an Ihrer Seite. Wird er unter den Tisch rutschen oder gleich randalieren? Wie auch immer: Sie müssen handeln, keine Frage. Schon allein, weil Sie keine Lust haben, Scherben welcher Art auch immer aufzukehren. Also wollen Sie eingreifen und haben auch den Mut zu handeln. Nur wie?

Eines haben Sie bereits fest in Ihrem Fußballspeicher drin: Kuscheln ist ein Fauxpas! Und Lachen ist ein noch größerer Fauxpas!

Mitzittern ist aber irgendwie auch nicht in Ordnung, denn das entspricht vermutlich in den seltensten Fällen *Ihrer* tatsächlichen Gefühlslage und wirkt dann nur aufgesetzt. Ein falsches oder unechtes Lachen lässt ganze Fenstergläser zerspringen. Lassen Sie das! Es bringt nichts! Höchstens Ihnen Ärger, denn nun kann er sich an Ihnen festbeißen.

»Warum lachst du denn so doof?«

»Iiiicchhhh?«

»Klar du!«

Schon sind Sie mitten drin in der Aufwärmphase für eine deftige Auseinandersetzung.

Ignorieren können Sie mal testen, ist aber nicht gerade partnerschaftlich gedacht. (Außerdem besteht dann wirklich die Gefahr, dass Einrichtungsgegenstände dran glauben müssen!). Wir haben keine besonders gute Erfahrung damit gemacht. Einmal ging Tante Gerdas Vase und ein anderes Mal ein Stuhl zu Bruch.

Am besten umsorgt man ihn also, so gut es geht. Dabei steht vornan, dass Ihr Fußballheld wieder zu Kräften kommt. Das ist einfacher, als es scheint: frische Luft (also mal kurz Fenster auf), Nervennahrung (vielleicht ein paar Nüsse) und ein bis zwei Fragen oder Bitten, die ihm klar machen, dass er der stärkste und tollste Mann, kurzum »der King im Ring« ist. Eine Kombination aus Nussschokolade und »Schatz, ich krieg den Sessel nicht allein hoch« oder so ähnlich. Klingt primitiv, ist es auch, wirkt aber. Und für den akuten Fall ertragen wir diese Mausi-Nummer einfach, oder? Es sei denn, Sie haben eine Tante-Gerda-Vase im Schrank, die Sie schon länger eliminieren wollten.

Leider hält die Wirkung dieser kleinen Kraft- und Männlichkeitsspritze erfahrungsgemäß nur kurz, so dass Sie nebenbei gleichzeitig eine Langzeitmaßnahme überdenken sollten. Frauen können das ja gut: über eines nachdenken und dabei das andere machen. Manchmal zu gut… Aber egal, wie kreativ Sie dabei sind, die Pause dauert nur 15 Minuten. Kaum ist die zweite Halbzeit angepfiffen und er wieder in den Tiefen des Fernsehsessels versunken, beginnt das Stöhnen und Haareraufen aufs Neue. Ja, das ist nicht lustig. Ist aber nun mal so. Nun ist Ihre frisch erworbene Fußballkompetenz gefragt! Am besten gehen Sie wie folgt vor:

Bezweifeln Sie zunächst grundsätzlich sämtliche Schiedsrichterentscheidungen, die gegen »seine« Mannschaft getroffen wurden (falls Sie sich noch daran erinnern). Formulieren Sie Ihre Zweifel laut und kopfschüttelnd. Gut ist es, dabei im Zimmer auf und ab zu laufen. Ihre Bewegung bringt ihn dazu, Ihren Worten zu folgen. Sie wissen schon, technomotorisches Verhalten! Ist sein Kopf erst einmal in das rhythmische Hin und Her eines Tenniszuschauers eingeschwungen, hängt er bei Ihnen an der Angel, und Sie atmen erlöst auf!

SO PUNKTEN SIE BEI IHREM LIEBSTEN!

Hinterfragen Sie nun seine Befürchtungen konkreter, also *warum* er bislang so enttäuscht ist und *wieso* er glaubt, dass nun auch nichts mehr geht. Erkundigen Sie sich nach den dafür verantwortlichen Spielern und der Konsequenz, die *er* daraus als Trainer ziehen würde. Kurz: Verwickeln Sie ihn in ein tieferes Gespräch über Fußball, bei dem er so richtig zeigen kann, was er drauf hat! Sie werden sehen, dass er in den meisten Fällen der Versuchung nicht widerstehen kann, vor Ihnen zu glänzen!

Sollten Sie auch auf diesem Weg nicht an ihn herankommen, vergessen Sie es. Schalten Sie um auf Ignorieren, er bemerkt das höchstwahrscheinlich nicht. Wir würden Ihnen raten, die Situation mit Ihren Freundinnen zu besprechen. Ihr Mann ist zwar eine ziemlich harte Nuss, aber auch für die gibt es Nussknacker. Es gilt jetzt nur, den richtigen zu finden, und sicher haben Ihre Freundinnen da eine Idee.

Ansonsten funktioniert die Nummer mit dem Fachgespräch besonders gut, wenn seine Clique mit vor dem Fernseher sitzt. Denn in diesem Fall haben plötzlich gleich mehrere Männer das Bedürfnis, der perfekte Fußballspezialist zu sein – und mir nichts dir nichts ist eine wilde Diskussion im Gange, aus der Sie sich schon bald klammheimlich zurückziehen können (es sei denn, Sie sind daran interessiert). Ein Hummelflug der richtigen und falschen Argumente. Nicht entgehen lassen sollten Sie sich das Imponiergehabe dieser verhinderten Trainer, die vor der Fußballbraut des Hauses eine gute Figur machen möchten (Männer sind genetisch so angelegt und werden deswegen genau so reagieren. Glauben Sie uns!).

Und wenn alles ganz anders ist und der Sieg nach Verlängerung kurz bevorsteht? Na klar, darauf lassen Sie sich doch gerne ein! Also mitschreien, Daumen drücken und Hände vors Gesicht, wenn es gar zu spannend wird (mit einem Schlitz zum Blinzeln, versteht sich). Was Sie ihm oder seiner Clique in einer solchen Phase der Erregung anbieten (oder selbst zu sich nehmen), spielt im Prinzip keine Rolle. Denn entweder rebelliert der Magen ohnehin vor Aufregung – oder alle stopfen wahllos Nahrung in sich hinein, und das kann dann auch unbemerkt das Osternest vom Vorjahr sein.

Und was ist mit Sex als Trost oder Belohnung (vorausgesetzt, Sie sind mit ihm allein)? Das geht gar nicht. Erstens, weil er Fußball schaut. Zweitens, weil er Fußball schaut. Und drittens, weil er Fußball schaut. Und Pausensex? Es ist nicht jedermanns Sache, mit einem heimlichen Blick auf die Uhr einen Quickie in der Halbzeitpause (oder den fünf Minuten bis zur Verlängerung) hinzulegen. Mit ziemlicher Wahrscheinlichkeit wird er nicht bei der Sache sein, egal, mit welchen Reizen Sie ihn locken.

Merke: Vor dem Spiel – O.k. Nach dem Spiel – auch gut. Aber in der Halbzeitpause: Undenkbar!

Das sieht übrigens auch Ex-Nationaltrainer Berti Vogts so: »Sex vor einem Spiel? Das können meine Jungs halten, wie sie wollen. Nur in der Halbzeit, da geht nichts.« Nun ja, das dürfte wohl auch etwas schwierig sein in der Mannschaftskabine. Dennoch scheint es unter aktiven Kickern mittlerweile Bestrebungen zu geben, in besonders spannenden Spielphasen mehr Sex in das Spielgeschehen zu integrieren – oder wie sonst ist die Forderung von Kicker Alexander Strehmel zu verstehen: »Gerade in einem Spiel, in dem die Nerven blank liegen, muss man sein wahres Gesicht zeigen und die Hosen runterlassen.«? Das lässt doch hoffen für den Event vor dem Fernseher.

Eigentor, Elfmeter und bunte Karten – so holen Sie ihn wieder runter

Sicher wissen Sie, dass Männer deutlich häufiger fluchen als Frauen. Ständig ist etwas »Mist«, »Scheiße«, »ein Dreckladen« oder ein »Sauverein«. Dass Fluchen aber eine Grundvoraussetzung für ein friedliches Miteinander ist, wussten Sie garantiert noch nicht. Es ist ein Ventil für unterdrückte Emotionen und hilft damit Menschen, ihre Gefühle besser zu steuern und nicht jedem wirklich den Hals umzudrehen, dem man den Hals umdrehen möchte. Das laut ausgestoßene Schimpfwort stützt auch die gesellschaftliche Ordnung, indem es verhindert, dass Unbeteiligte unter wirklichen Gewaltausbrüchen und Handgreiflichkeiten leiden. Wer schon mit einer Sache nichts zu tun hat, der will erst recht keinen Kinnhaken abbekommen. Zu diesen (und vielen anderen) Ergebnissen sind Sprachwissenschaftler und Psychologen aus aller Welt gekommen, deren wichtigste Thesen von dem Amerikaner Timothy Jay in seinem Buch *Warum wir fluchen* vorgestellt wurden. Auch um Sportler geht es darin, allerdings nicht direkt um Fußballfans vor dem Fernseher. Dennoch: Ist es nicht beruhigend zu wissen, dass *sein* Aufbrausen vor dem Fernseher völlig normal ist – und auch die erhöhte Frequenz ganz offenbar zu den typischen Verhaltensweisen seines Geschlechts gehört? Und Sie dachten schon, er hätte kein Benehmen! Nein, nein, das muss so sein, auch wenn wir es gerne anders hätten. Fluchen macht der Seele Luft!

Doch immer der Reihe nach: Es gibt Fußballpartien, die

haben es in sich: Viele Fouls, Schwalben, gelbe und rote Karten, Elfmeter und womöglich noch ein Eigentor sorgen dafür, dass den Zuschauern der Schweiß rinnt oder auch der Kragen platzt. Wie klassifizierte Fernsehkommentator Sascha Rufer solche Spiele noch mal? Ach ja: »Bei diesem Spiel erkennt man den Unterschied zwischen guten und schlechten Herzschrittmachern.« Und genauso ist es. Kein Wunder also, dass Ihr Liebster vor dem Fernseher förmlich kollabiert!

Was beim Spiel in den unteren Klassen oder in der Bundesliga noch einigermaßen erträglich scheint, wird auf internationaler Ebene zum Inferno. Hier sitzt Ihr Mann – und dort in dem kleinen Kasten laufen die Männlein nicht so, wie er es ihnen sagt. Bei der Weltmeisterschaft geht es dann nicht mehr nur um seinen Verein, sondern um die Ehre eines ganzen Volkes! Wie soll er in diesem Fall ruhig reagieren, wenn der (natürlich ungerechte) Unparteiische wieder einmal auf den (falschen) Elfmeterpunkt gedeutet hat? Sauerei und sondersgleichen!

Sie sehen schon: Der Frust will raus, und gleichzeitig braucht er nun Sie, seine starke Frau mit starken Nerven und prima Durchhaltevermögen. Das wusste übrigens Berti Vogts in seiner Zeit als aktiver Kommentator und stellte fest: »Hass gehört nicht ins Stadion. Solche Gefühle soll man gemeinsam mit seiner Frau daheim im Wohnzimmer ausleben.« Ja, ja, immer das Gleiche.

Doch wie man es dreht und wendet, Sie müssen eine innere Einstellung und Haltung finden, wie Sie mit seinen Flüchen, Wutausbrüchen oder verzweifelten Heulern umzugehen gedenken. Er kann dazu ja wohl erwiesenermaßen nichts tun.

Eine Möglichkeit ist, ihn einfach jaulen zu lassen und das ganze Spektakel aus sicherer Entfernung genüsslich (und ein wenig kaltherzig) zu verfolgen. Die Distanz ermöglicht Ihnen einen guten Blick auf Mimik, Gestik und Körperhaltung Ihres Lieblings und Sie können erneut erkennen, welche Vielseitigkeit, Kraft und Fantasie Ihr Schatz im Zweifel aufbringen kann, gilt es Land und Ehre zu verteidigen oder zu bejammern. Das kann ein Kick sein! Besonders dann, wenn Sie in letzter Zeit immer häufiger zu dem Schluss kamen, dass Ihr Herzstück eine tonlose Stimme sowie eine blasse Hautfarbe hat und insgesamt ein derartiger Langweiler ist, dass Sie immer öfter von Austauschspielern fantasierten. Nun sehen Sie, dass er auch ganz anders kann und eine Menge Leben in ihm steckt. Leben und Leidenschaft, die Sie auf anderer Ebene konservieren sollten. Schön zu wissen, dass in Ihrem Schmalhans auch noch ein ganzer Kerl steckt, oder?

Sind Sie hingegen von seinen Qualitäten als Partner grundsätzlich überzeugt, haben jedoch gleichzeitig das Gefühl, dass er mit dem Stress in Sachen Fußball überfordert ist, sollten Sie einschreiten oder zumindest behutsam mäßigend wirken. Zunächst geht es darum, seine unnatürlich hohe Herzfrequenz zu senken.

Hier hat sich das Prinzip »kurzfristige Ablenkung« unserer Meinung nach besonders bewährt. Ideal sind dafür plausible Manöver, die nicht als weibliche Taktik erkannt werden, wie beispielsweise Flasche öffnen (»Schatz, ich krieg das nicht auf…«) oder Fuß umknicken (»Au, au, mein Fuß, fühl mal, ist der nicht dicker als sonst?«).

Die kleinen Ablenkungen müssen jedoch weiterhin den Blick auf den Fernseher zulassen, sonst reagiert er (zu Recht) genervt.

Dies aber nur für den Notfall oder akute Zustände. Und es klappt auch nur, wenn er allein ist. Ansonsten holen Sie ihn mit einem der folgenden Vorschläge wieder runter. Aber Vorsicht: Nicht jeder Mann verträgt jede Taktik!

SO PUNKTEN SIE BEI IHREM LIEBSTEN!

- **Emphatie-Taktik:** Zeigen Sie ihm, wie gut Sie ihn verstehen, indem Sie ihm zunächst in jeder Hinsicht beipflichten: Der Schiedsrichter ist unfähig, das Foul war eine Schwalbe, die gelbe Karte Betrug – und der Elfmeter dementsprechend ungerechtfertigt. Imitieren Sie dazu seine Körperhaltung, ohne ihn zu berühren (wichtig!). Verleihen Sie Ihren Worten durch deutliche Gestik Unterstützung (Technomotorik, Sie wissen schon). Und dann, wenn Sie so richtig harmonisch gemeinsam in das Wut-, Frust-, Sorgen-

oder Was-auch-immer-Horn blasen, stehen Sie energisch auf und verkünden vollmundig: »Ich glaube, ich hole uns beiden mal etwas Gutes, das haben wir uns verdient.« Und schon verschwinden Sie in der Küche und sind ganz schnell mit seinem Lieblingssnack, einem netten Getränk oder irgendetwas anderem wieder da, das Sie dann *gemeinsam* genießen. Entscheidend ist, dass Sie von »uns« sprechen und so Ihre Nähe zu ihm betonen. Er geht garantiert darauf ein – und essen beziehungsweise trinken beruhigt immer.

- **Überzeugungstaktik:** Er glaubt, er hat Recht? Er will also mal wieder der Bestimmer sein? Ohne Sie! Beziehen Sie Position – aber bitte eine andere als er. Streiten Sie ruhig ein paar Minuten herum (damit er noch mehr Dampf ablässt), und beginnen Sie dann ganz sanft damit, seine Meinung zu hinterfragen. »Glaubst du wirklich, dass das dämliche Eigentor Absicht war? Und warum? Ach, das ist ja interessant…« Wenn er Sie als Partnerin einigermaßen ernst nimmt, wird er versuchen, Sie von seiner Meinung zu überzeugen. Dazu wird er argumentieren – und das funktioniert nun einmal am besten ruhig und gefasst. Kommt im Laufe dieses Gespräches allerdings ein »Ach, du hast ja sowieso keine Ahnung!«, sollten Sie entweder die Taktik oder den Mann wechseln! Die Überzeugungstaktik eignet sich übrigens auch hervorragend für Männergruppen, da diese sich gegenseitig in Sachen Fachkompetenz noch anstacheln.

- **Die K.-o.-Taktik:** Gemein und hinterlistig – aber wirkungsvoll. Er benimmt sich völlig daneben, nur weil der Schiri eine gelbe Karte gezückt hat? Untragbar, das sehen wir auch so. Glücklicherweise gibt es mittlerweile ein reiches Sortiment an pflanzlichen, relativ harmlosen Beruhigungsmitteln, die Sie ihm ins Getränk mischen können. Das merkt er sowieso nicht – und Sie haben bald Ihre Ruhe, um sich als echte Fußballbraut in aller Ruhe auf das Spiel konzentrieren zu können. Hervorragend bewährt haben sich hier übrigens so genannte Rescue-Tropfen.
- **Duftlampe:** Warme heilende Düfte beruhigen das Nervensystem auf schnelle und unbewusste Weise. Backen Sie seinen liebsten Kuchen, den er als Kind schon gerne aß. Besonders Rührkuchen lassen sich gut vorbereiten und können bei Bedarf schnell in den vorgewärmten Ofen geschoben werden. Auch Hefekuchen und Sandgebäck sind in der Regel mit positiven und entspannten Gefühlen besetzt.
- **Letzte Rettung:** Sieht er tatsächlich so aus, als ob er jeden Moment platzen könnte, gilt es die Notbremse zu ziehen. Er muss aus der Stube raus und bedarf der Ablenkung. Die muss spektakulärer sein als das, was er gerade sieht. Lassen Sie also das Telefon (vom Handy aus) klingeln, und rufen Sie dann ins Wohn-

zimmer hinein: »Schatz, deine Mutter! Sie behauptet, sie sei schwanger!« Sie können diese Maßnahme aber nur ein Mal ergreifen.

Ganz gleich, wie Sie es finden, dass er wie das HB-Männchen vor dem Fernseher randaliert oder immer tiefer in die Kissen sinkt – entscheidend ist, dass Sie ihn wieder in einen aufnahmefähigen Fernsehzuschauer verwandeln. Denn wie soll er sonst am nächsten Tag gemeinsam mit anderen über das Spiel philosophieren können? Und vor allem: Wie wird er sonst den Sieg oder die Niederlage seiner Mannschaft überstehen? Sichern Sie sich mit Maßnahmen wie den oben empfohlenen auch Ihr eigenes Fußballvergnügen!

Sieger und Verlierer – Sie sind jetzt der Coach

Seine Mannschaft hat gewonnen. Ihre vielleicht auch. Das ist toll und die beste Basis für einen vielversprechenden Abend. Stimmen Sie also in den allgemeinen Freudentaumel ein, und genießen Sie das Ergebnis. Feiern Sie, wenn es ein Fest zu feiern gilt, das ist sowieso viel zu selten der Fall. Alle werden Brüder und Schwestern, die auf der richtigen Seite sind. Wildfremde fallen sich weinend in die Arme. Da gibt es etwas zu erleben, zu sehen – und eine Menge Geschichten für den nächsten Frauenabend in vertrauter Runde. Er wird Sie lieben! Oh, wie er Sie lieben wird! Je nachdem, wie clever Sie sind, können Sie jetzt natürlich noch »eins draufsetzen«, indem Sie das Spiel mitgeschnitten haben. Welch ein Spiel, welch ein Sieg, welch eine Frau – das alles auf Band! Triumphieren Sie ob dieses Erfolges. Glücksmomente dieser Art sind im Leben selten. Wenn Sie wollen, dann können Sie nun noch einmal die schönsten Pässe und Tore genießen, um dann spielerisch auf ein anderes Feld zu wechseln.

Kleine Einschränkung: Die Idee klappt nur, wenn seine Mannschaft gewonnen hat. Sonst können Sie das Videoband nur als Druckmittel gebrauchen: »Entweder du kommst morgen mit zu der Party – oder wir schauen uns das Ganze noch mal an!« Das tut weh! »Wir befinden uns in einer Ergebniskrise«, fasste einst Ewald Lienen das schlechte Abschneiden seiner Mannschaft zusammen. Auch er wollte sicher keine Videoaufzeichnung als Geschenk. Damit aber aus einer solchen nett umschriebenen Mannschaftspleite keine Beziehungskrise wird, erinnern Sie sich bitte noch einmal an Ihre Fähigkeiten als Gefühls-Coach: Als Frau haben Sie den richtigen Umgang mit Emotionen quasi im Blut. Sie können taktisch denken, handeln, und es ist Ihnen angeboren, Situationen vorwegzunehmen.

Also, keine Panik, greifen Sie auf Ihre ureigensten Ressourcen zurück, und vertrauen Sie auf Ihre Intuition und seelische Stärke. Es kann Ihnen wirklich nichts passieren. Sie werden das Kind, den Fußballhelden, schon schaukeln, und spätestens in zwei Tagen ist alles vorbei und der Seelenschmerz verpufft.

Die Basis für Ihre Arbeit als Emotions-Coach ist jedoch ganz unbedingt Ihr Backgroundwissen hinsichtlich des Spiels. Denn hat »seine« (oder möglicherweise auch schon Ihre?) Mannschaft verloren, müssen Sie wissen, was das genau bedeutet. Scheidet das Team jetzt aus? Steht gar ein Abstieg bevor? Oder gibt es möglicherweise ein Rückspiel oder weitere Partien, in denen noch Chancen bestehen, die Scharte auszuwetzen? Diese Informationen sind als Trost, Argumentationshilfen und für Ihre Planung wichtig. Sind Sie unwissend, wird er Sie als Gesprächspartnerin (und als Fußballbraut) nicht ernst nehmen – und das wäre wirklich ärgerlich!

Eine Sache, die gerne unerwähnt bleibt, müssen wir an dieser Stelle unbedingt ansprechen: Egal, wie gut Sie Ihre Arbeit als Coach auch machen, wie sehr Sie ihn verstehen und auch unterstützen, letztendlich sind Sie es, die seinen Frust ausbaden wird. Und es hat nicht mal etwas mit Ihnen direkt zu tun! Er tut dies, weil Sie da sind, wenn er sich morgens ein Brötchen schmiert. Und weil der Hund nichts dafür kann. Sie zwar auch nicht, aber Sie sind seine Partnerin, das reicht für diesen Fall. Denn in einer Partnerschaft teilt man alles gerecht. Manchmal sogar großzügig. Und im Falle von Frust sind manche Männer besonders großzügig und laden so viel wie möglich auf anderen, respektive

Ihren, Schultern ab. Daran können Sie nichts ändern. Aber nehmen Sie es um Gottes willen nicht persönlich. Es ist ein kleiner Spaß des Beziehungsgottes – oder so ähnlich, wie Sie sich benehmen, wenn Sie in wenigen Stunden Ihre Tage bekommen. Am besten nimmt man das sportlich und schiebt die Sache sofort wieder weg. In ein Ohr rein, aus dem anderen wieder raus. Sie müssen sich darüber wirklich keine Gedanken machen – es sei denn, Sie stecken ohnehin in einer schweren Beziehungskrise, aber das ist dann ein anderes Thema. (Und vermutlich hätten Sie dann auch nicht gemeinsam Fußball geschaut.)

Also: Seine Mannschaft hat verloren, er ist sauer – und Sie sind verfügbar. Ein einfaches Prinzip, das auch Profi-Kicker so handhaben, wie der Frankfurter Bundesliga-Spieler Markus Kreuz einmal unumwunden zugab, als er gefragt wurde, wo er seinen Frust nach einem verlorenen Spiel abreagieren würde: »Zu Hause bei meiner Frau.« Ihr Liebster ist also in guter Gesellschaft.

Und was tun Sie? Sie reagieren natürlich angemessen.

SO PUNKTEN SIE BEI IHREM LIEBSTEN!

Erstes Gebot: Deeskalation! Wenn er zu Wutausbrüchen, Gemeinheiten oder sonstigen zornigen Reaktionen – gepaart mit den entsprechenden Flüchen – neigt, geht es vor allem darum, ihn auf ein halbwegs normales Level zurückzuholen. Entweder Sie beherzigen die oben genannten Vorschläge, oder Sie ziehen sich einfach für einen Moment zurück. Steigen Sie aber bitte in keine Diskussionen ein, und vermeiden Sie Vorhaltungen und Tränen. Eher noch sollten Sie sich schweigend etwas gönnen. »Wenn der so doof ist, dann streiche ich halt jetzt allein das Schlafzimmer – und zwar knallpink«, oder etwas in der Art. Am besten fahren Sie allerdings, wenn Sie es wie ein Kapitel aus Brehms Tierleben betrachten: erstaunlich, was dieses Tier so alles kann.

Neigt Ihr Schatz jedoch nicht zum wilden Rumgebrülle, sondern eher zur zarten Verzweiflung oder Trauer, dann ist Trost das Mittel Ihrer Wahl. Trost ist aber nicht gleich Trost! Grundsätzlich ist das Trösten eines traurigen Fans nicht mit den Trostaktionen Ihrer Freundin vergleichbar. Sparen Sie sich viele Worte, reden Sie nicht auf ihn ein, reichen Sie ihm keine Taschentücher, drücken Sie ihn nicht an Ihre Schulter, und halten Sie ihn nicht fest. Männer sind selten in der Lage, mit solch breit gefächerten Trostaktionen umzugehen. Sie mögen eher die Sparvariante, sind mit wenigen Gesten schon zufrieden (im Gegenzug zu Ihnen, die laut protestieren würde: »War das schon alles?«). Das Häufchen Elend vor Ihnen auf dem Stuhl ist höchstwahrscheinlich gar nicht in der Lage, all die schönen Trostworte zu verarbeiten, die Sie ihm großzügig schenken. Es blubbert so an ihm vorbei, denn was schon im normalen Tagesablauf nicht geht, funktioniert erst recht nicht unter Stress. Eigentlich könnten Sie auch gegen eine Wand sprechen und hätten genau denselben Erfolg: nämlich keinen.

Viel schlimmer noch, wohlgemeinter Trost kann reizen. Ganz besonders nach einem verlorenen Spiel. Ein Beispiel:

Er: »Oh, nein… das ist doch nicht möglich… ich fass es nicht.«

Sie: »Das tut mir jetzt aber wirklich Leid. Komm, ich nehm dich ein bisschen in den Arm.«

Er: »Lass mich in Ruhe. Du hast doch keine Ahnung!«

Na? Kommt Ihnen das bekannt vor? Haben wir alle schon mal erlebt. Wirkungsvoller Trost nach einem verlorenen Fußballspiel läuft also anders.

SO PUNKTEN SIE BEI IHREM LIEBSTEN!

- Versichern Sie ihm zunächst, dass seine Mannschaft trotzdem ganz gut gespielt hat und es ja schließlich noch schlimmer kommen könnte. Weisen Sie im Notfall ruhig darauf hin, dass Borussia Dortmund in der Bundesliga-Saison 1977/78 am letzten Spieltag mit 0:12 verloren hat und damit unschlagbar schlecht gespielt hat. (Wenn ihn das nicht ein wenig tröstet, wird er zumindest verblüfft nachfragen, woher Sie das wissen – und vielleicht später sogar heimlich kontrollieren, ob es wirklich stimmt. Stimmt aber.)

- Beginnen Sie nun, mögliche weitere Chancen seiner Mannschaft zu erörtern. Hier brauchen Sie die Hintergrundinformationen! Wenn es wirklich Chancen gibt, werden Sie nun deutliche Trost-Erfolge erzielen. Wenn nicht, müssen Sie einen Schritt weitergehen.
- Die Niederlage bedeutet das Aus für die Mannschaft? Holen Sie ihn aus seinem Tief, indem Sie ihn als »Trainer« konsultieren. Erkundigen Sie sich detailliert, wie er mit einzelnen Spielern verfahren würde, wo er Potenzial sieht – und wo nicht. Hören Sie aufmerksam zu – vermutlich hat er in einigen Punkten sogar Recht, und Sie können etwas lernen. Wenn Sie ihm gleichzeitig zeigen, dass auch Sie das eine oder andere Wissensdetail beisteuern können, bewegen Sie sich sogar schneller als gedacht aufeinander zu, und einem harmonischen Abend steht nichts mehr im Wege.
- Sie kommen partout nicht an ihn heran? Dann hilft vielleicht Humor! Erzählen Sie ihm, dass Sie einmal Fußballtrainer Wolfgang Finke ziemlich tapfer fanden, als der nach einer empfindlichen Niederlage unumwunden zugab: »Es ist für mich nicht so, dass ich ins Tal der Tränen ausbreche…«
- Und wenn gar nichts tröstet? Lassen Sie ihn ruhig allein in seinem Saft schmoren. Er beruhigt sich irgendwann wieder – spätestens bis zum nächsten Spiel.

Ex-Fußballer und Trainer Kurt Jara scheint mit seiner Frau allerdings irgendwann den Königsweg des Trostes gefunden zu haben – oder wie sonst sollen wir seine Bemerkung »Wenn bei mir zu Hause die Tür ins Schloss fällt und wir haben verloren, weiß meine Frau, was sie zu tun hat« deuten? Wir wissen zwar nicht, was Frau Jara ganz genau mit ihrem Liebsten dann anstellt – aber eines dürfte wohl klar sein: *Guter* Sex (für beide gut!) wird es wohl kaum sein… Warum das so ist, erklären wir Ihnen jetzt.

Reizwäsche und Tunnelblick – Kontern ohne Ball bringt nichts

Fußball und Sex – geht nicht. Zumindest nicht gleichzeitig, da sind sich alle Männer einig. Auch nicht, wenn es sich nur um eine Fernsehübertragung handelt. Bier ist Bier und Schnaps ist Schnaps! Vergessen Sie also Ihre ausgeklügelte Verführungstaktik am Samstagabend – und vor allem: Lassen Sie Ihre Reizwäsche im Schrank! Beim Kick wirkt sie nämlich nicht, wirklich gar nicht. Einen kurzen Blick und ein gelangweiltes »nett«, mehr können Sie ganz sicher nicht erwarten. Leider neigen auch in dieser Situation viele Frauen dazu, diese Ignoranz auf sich und ihren Körper zu beziehen. Wütend stopfen sie die sündhaft teure Wäsche in die hinterste Ecke ihres Schrankes und winden sich verzweifelt vor ihrem eigenen Spiegelbild (»Bin ich wirklich so unattraktiv?«). Hintergründige Fragen, Schmollmünder, zickiges Achselzucken, und schon haben wir den Salat. Der Haussegen wankt bedenklich, und erste wütende Zurufe werden aus der Sofaecke geschleudert. Das wird ja lustig. Nun kann es Wochenende werden! Damit *Sie* aber den Sonntag – und auch alle Tage davor und danach – genießen können, hier ein paar Informationen, die Sie vor Überreaktionen schützen.

Aus seiner Sicht ist das nämlich alles ganz anders: Warum, fragt er sich irritiert, muss diese Zaubermaus ausgerechnet *während* eines Spiels (und da zählt auch die Halbzeitpause dazu) so lecker vor mir herumtanzen, wo sie doch ganz genau weiß, dass ich weder kann noch will?

Ihr Mann ist anders als Sie – andere Schlussfolgerungen sind also die Norm. *Er* schließt aus Ihrem Strip, dass Sie seine Fußballleidenschaft ignorieren (ärgerlich) oder sich am Ende sogar darüber erheben, erlebt Ihre Kusshände als eine besonders gemeine Form der Schikane (sehr ärgerlich) oder als einen fiesen Trick, der ihm beweisen soll, dass *er* nicht wollte, während *sie* ganz deutlich will (superärgerlich, da es normalerweise andersherum ist).

Mag sein, dass es reizvoll ist, den eigenen Fußballbesessenen hin und wieder auszutesten. Aber ist es wirklich ein Grund, dieses Spiel immer wieder zu probieren?

Noch mal, für alle, die etwas schwerer zu überzeugen sind: Ihr Liebster ist *gar nicht in der Lage*, zwei Dinge gleichzeitig zu tun, geschweige denn zu genießen! Das klappt beim Zeitunglesen und Unterhalten genauso wenig wie heimwerken und gleichzeitigen Gästelisten durchsprechen. Also auch nicht beim Fußball. Er kann nur eine Sache zur Zeit, aber die dann richtig. Also erst Sex und dann Fußball oder umgekehrt. Eben immer hübsch der Reihe nach.

Hinzu kommt ein besonderes Phänomen, das Männer insbesondere beim Fußball ereilt: der Tunnelblick. Er sitzt vor dem Fernseher und starrt gebannt auf den Bildschirm, Sie auch. Während Sie jedoch gleichzeitig wahrnehmen, dass Ihr Glas nur noch halb voll ist, hinter dem Sofa dicke Staubflocken hervorquellen, seine Ohren nicht ganz sauber sind und am Fenster eine Fliege umhersummt, sieht er nur den Fernseher. So, als ob sein Blick durch einen Tunnel führen würde, an dessen Ende der Fernseher steht. Logischerweise können Sie also links und rechts vom »Tunnel« machen, was Sie wollen – Fehlanzeige. Die einzige Möglichkeit: Sie übernehmen das Ende des Tunnels. Aber das würde wiederum bedeuten, dass Sie sich direkt vor dem Fernseher aufbauen, wovon wir entschieden abraten!

Und noch ein interessantes Detail: Der Tunnelblick endet nicht zwingend mit dem Abpfiff – im Gegenteil: Oft bewegt Ihr Schatz sich noch Stunden später in seiner schützenden Fußballhülle und ist nicht weiter aufnahmefähig. Das geht auch richtigen Kickern so – nur dass die im Spiel durch den Tunnel laufen und am Ende das Tor steht. Von daher auch unser Zweifel am vollmundigen Getöne eines Kurt Jara, dessen Frau (angeblich) nach einem verlorenen Kick weiß, »was sie zu tun hat« …

Doch dieser Tunnelblick hat auch Vorteile für uns. Denn eben weil er nicht gestört werden möchte, ist er um seiner Ruhe willen zu vielem bereit! Es kommt nur darauf an, wie Sie Ihre Forderungen oder Wünsche formulieren. Am besten sind dabei »geschlossene Fragen«, also Fragen, auf die er nur mit Ja oder Nein antworten muss. Da ist dann schon das eine oder andere für Sie drin, wie das nachfolgende Beispiel zeigt:

Sie: »Du, Schatz, findest du nicht auch, dass mein Auto relativ klein ist?«

Er: »Mmmh.«

Sie: (erfreut) »Siehst du, das wusste ich, dass du meiner Meinung bist!«

Er: (seufzt) »Mmmh.«

Sie: (hastig) »Ich hab da so eins gesehen, das würde mir einfach supergut gefallen. Bin auch schon Probe gefahren. Ist auch gar nicht so teuer.«

Er: (leicht genervt) »Ach ja?«

Sie: (triumphierend) »Ja! Du, ich könnte es schon nächste Woche haben. Was meinst du, soll ich?«

Er: (unkonzentriert, da gerade etwas Spannendes im Strafraum passiert) »Ja, ja. Können wir das später …«

Sie (umarmt ihn) »Ja klar! Heute wollte ich es noch nicht holen! Erst nächste Woche. Ach, du bist doch der Beste!«

Er windet sich aus Ihren Armen, grinst schief und etwas gequält.

Und schon ist sie im Besitz eines chicen neuen Cabrios! Geht doch ganz leicht, oder? Versuchen Sie den Spaß!

Fazit: Sie sehen, als Fußballbraut vor dem Fernseher sind Sie nicht nur in Sachen Fachwissen und Organisation gefragt, sondern können sogar den einen oder anderen Ball geschickt im Tor versenken. Wichtig ist nur, dass Sie die dort herrschenden Regeln kennen:

- Angriff ist die beste Verteidigung (wenn er herumzickt).
- Manchmal hilft nur ein psychologisch wichtiges Foul (wenn er gar zu uneinsichtig ist).
- Der Schiedsrichter hat immer Unrecht (wenn er sich aufregt).
- Gut gecoacht ist halb gewonnen (in Halbzeitpausen und nach dem Spiel).
- Kontern ohne Ball, also ein Vorstoß in Reizwäsche, geht nicht, da er im Tunnel sitzt und nichts sieht.

Zeit, um im nächsten Kapitel darüber nachzudenken, wie schön es mit ihm sein kann.

Und das sagen die Profis – Statement von Nina Deißler

Nina Deißler , 31 Jahre, ist Geschäftsführerin von »Kontaktvoll – Coaching & Training in Herzensangelegenheiten« in Hamburg und davon überzeugt, dass **Fußball als Flirtfaktor** funktioniert. Sie hat früher selbst leidenschaftlich auf Bolzplätzen gekickt und so Männer verstehen gelernt.

Was sind die größten Fauxpas (rote Karte!), die eine Frau beim Fußballschauen vor dem Fernseher begehen kann?

- Umschalten.
- Auf demselben Sofa sitzend mit der Freundin telefonieren.
- Kuscheln wollen, wenn »seine Mannschaft« gerade im Strafraum agiert.
- Reinquatschen, ohne zu verstehen, »worum es geht« (worum es geht, kann man als Frau ja auch nur schwer nachvollziehen – immerhin geht es darum, dass 22 erwachsene Männer unfassbar viel Geld dafür bekommen, sich vor den Augen Millionen anderer erwachsener Männer um einen Ball zu streiten).

Wie bringt man Männer zum positiven Staunen?
Wenn man beziehungsweise frau nicht nur verstanden hat, was Abseits ist – sondern auch noch erklären kann, wie eine Abseitsfalle funktioniert. Oder wenn man erklärt, dass man mehr geweint hat, als Brasilien bei der WM 1982 3:2 von Italien geschlagen wurde, als in der Woche danach, wo die Italiener uns mit 3:1 im Finale besiegten. Wenn wir schon mit 3:1 geschlagen werden mussten – dann doch von den Brasilianern ... Das sieht, glaub ich, jeder Mann genauso ... (es sei denn, er ist Italiener).

Gibt es bestimmte Regeln auf der Couch (Essen, Verhalten, Gemütlichkeit)?

- Sitz, steh oder lauf nicht ins Bild.
- Stell nicht zu viele Fragen, quatsch nicht »unqualifiziert« rein.
- Versuch nicht mit dem Mann zu schmusen, während er innerlich den Kampf um den UEFA-Pokal mitkämpft.
- Essen ja – aber nur, was aus der Hand direkt in den Mund geht.
- Gebe vor, nicht gesehen zu haben, wie er heimlich eine Träne verdrückt, weil sein Verein die Qualifikation zur Champions League verpasst hat.

Wie wichtig sind Ihrer Meinung nach Fußballregelkenntnisse für Frauen?
Das ist im Grunde relativ egal, solange man sich an die Fußball-Guck-Regeln hält. Sollte ich allerdings meinem Liebsten zum Fußballschauen nicht aus dem Weg gehen können, wäre es ganz hilfreich, die eine oder andere Regel verstanden zu haben – dann ist es auch schon nicht mehr so öde.

Darf frau während des Spiels nach Regeln fragen?
Ja, aber nicht so oft.

La Ola – gemeinsam auf der Fußballwelle

»Im Fußball ist es wie bei der Liebe. Was vorher ist, kann auch sehr schön sein, aber es ist nur Händchen halten. Der Ball muss hinein.«

So fasste Fußballtrainer Max Merkel einmal das emotionale und spielerische Grundbedürfnis von Kickern, Trainern und Zuschauern zusammen. Und natürlich hat er Recht: ohne Tore keine Höhepunkte – ergo kein guter Kick; ohne wirkliche Höhepunkte keine dauerhafte Liebe – also auch kein guter Sex. Müssen wir uns also Gedanken darüber machen, dass unser Liebesleben in den letzten gut einhundert Jahren ernsthafte Konkurrenz bekommen hat?

Wie gut, dass es männliche Fußballfans und Aktive gibt, die sich genau darüber immer wieder Gedanken machen! Allen voran sei auch an dieser Stelle wieder Nick Hornby genannt, der uns als Paradebeispiel eines Fußballverrückten an seinem inneren Monolog teilnehmen lässt. Er stellt dabei grundsätzlich infrage, ob man einen Sieg im Fußball tatsächlich mit gutem Sex vergleichen kann: »Das Problem mit dem Orgasmus als Metapher ist in diesem Fall, dass der Orgasmus, obwohl offenkundig angenehm, vertraut ist, wiederholbar (innerhalb von ein paar Stunden, wenn du dein Grünzeug gegessen hast) und vorhersehbar, besonders für einen Mann – wenn du Sex hast, weißt du sozusagen, was kommt. (…) Auch wenn kein Zweifel besteht, dass Sex eine nettere Beschäftigung als der Besuch von Fußballspielen ist (keine 0:0-Unentschieden, keine Abseitsfalle, keine Pokalüberraschungen *und* dir ist warm), sind die Gefühle, die er bei üblichem Ablauf der Dinge erzeugt, einfach nicht so intensiv wie die, die das einmalige Erlebnis eines in der letzten Minute erzielten und für die Erringung der Meisterschaft entscheidenden Tores hervorruft.«

Klingt plausibel, stimmt uns allerdings ein wenig nachdenklich. Denken unsere Kerle etwa alle so? Vielleicht sind sie nur nicht in der Lage, ihren Seelenzustand zu erklären, wie es auch prominente Kicker zeigen: »Das sind Gefühle, wo man schwer beschreiben kann« (Jürgen Klinsmann).

Unterstellen wir dem ganz normalen Fan einfach einmal, dass er guten Fußball mit gutem Sex durchaus gleichsetzt. (Wir wünschen uns natürlich, dass er den Sex eindeutig besser findet.) Was heißt das aber für Sie als Fußballbraut?

SO PUNKTEN SIE BEI IHREM LIEBSTEN!

- **Erste Möglichkeit:** Sie ignorieren dieses Phänomen, wie Sie es all die Jahre getan haben. Sein Fußballkonsum hält sich ohnehin in Grenzen, so dass Sie stillschweigend davon ausgehen können, bei ihm in

Sachen Gefühlseruption immer noch die Nummer eins zu sein. Und wenn nicht – tja, auch Beziehungen zeigen Abnutzungserscheinungen, so schlimm ist das doch gar nicht.

Nachteil: Das mögen Sie so sehen, aber er? Das ist Kreisklasse! Möglicherweise findet er irgendwann ein spannenderes Spielfeld in einer höheren Liga, und Sie bleiben auf der Strecke. Unser Tipp: Sie sollten zumindest einmal vorsichtig hinterfragen, in welcher Liga er Sie und sich selbst derzeit sieht.

- **Zweite Möglichkeit:** Sie kämpfen! Denn Konkurrenz lassen Sie sich nicht bieten – schon gar nicht beim Sex. Also überlegen Sie sich immer neue Strategien, um ihn vom Fußball fern zu halten (Reizwäsche, intime Spiele und Spielzeug, neue Ideen im Bett). Da Männer eher lustgesteuert sind, sind Sie sehr zuversichtlich, ihn komplett für sich zu gewinnen.

  Das Problem dabei: Sie haben offenbar immer noch nicht begriffen, dass Sex keine wirkliche Konkurrenz für echte Fußballsucht ist! Machen Sie sich unbedingt klar, dass schon der Kick im Fernsehen jegliche sonst gültigen biologischen Gesetzmäßigkeiten bei ihm außer Kraft setzt! Unser Tipp: Blättern Sie noch einmal ein Kapitel zurück.
- **Dritte Möglichkeit:** Sie erkennen die Übermacht des Fußballs an und integrieren das Spiel locker in Ihr Intimleben. Fortan überraschen Sie Ihn mit Aufforderungen zu aufregenden Partien und Saisonhö-

hepunkten, feuern ihn mit rauchiger Stimme und Worten wie »Versenk ihn, Schatz!«, »Greif von hinten an!« oder »Toooor!« (beim Orgasmus) an und führen eine Ligatabelle mit Spieldatum, Dauer und Torverhältnis ein.

Nachteil: Wahrscheinlich wird er Sie für völlig übergeschnappt halten, sich vielleicht sogar strikt weigern, in Zukunft bei Ihnen Tore zu schießen! Schließlich möchte er Sie als Frau – und nicht als Trainer, Fan oder Kicker im Bett. Wenn Sie es unbedingt ausprobieren wollen, bitte. Aber belassen Sie es bei einem Mal – und stellen Sie sich schon einmal auf eine torlose Partie ein.

- **Vierte Möglichkeit**: Sie bemühen sich darum, Schritt für Schritt Zugang zu seiner Sicht der Dinge zu erlangen, um dann mit ihm nicht nur beim Liebesspiel auf Wolke sieben zu schweben, sondern auch beim Fußball auf La Ola, der Begeisterungswelle im Angesicht toller Leistungen.

Voilà! Mit der vierten Möglichkeit sind Sie auf der Zielgeraden angelangt und auf dem besten Weg, eine perfekte Fußballbraut zu werden! Mit ein paar grundsätzlichen Gedanken zum Thema »Gemeinsamkeit« möchten wir Sie hier noch unterstützen – um Ihnen dann in den folgenden Kapiteln zu verraten, wie Sie in Zukunft ganz konkret in Ihrer Beziehung davon profitieren, beim Fußball ein Wörtchen mitreden zu können.

Fußball und Partnerschaft – das tut sich im Hintergrund

Psychologen beschäftigen sich schon seit Jahren damit, was eigentlich passiert, wenn einer der Partner oder beide passioniert einer Tätigkeit nachgehen, die dem anderen eigentlich fern liegt. Geht man einmal davon aus, dass eine Partnerschaft eine Art ökologisches System ist (wie Winfried Häuser und Marlene Backes es in ihrem Klassiker *Sport und Partnerschaft* nennen), dann ist klar, dass jedes Verhalten des einen eine Reaktion des anderen zwingend bedingt, da alles miteinander zusammenhängt. Keiner von beiden kann also in seinem Verhalten etwas ändern, ohne dass der andere davon betroffen ist. Und tut einer etwas, was dem anderen missfällt, ist der Konflikt vorprogrammiert. Denn der eine wird wiederum auf die Handlung des anderen reagieren.

Überträgt man diesen Gedanken auf die Konstellation »er = Fußballfan und sie = Fußballgegnerin«, ist klar, was passiert: Er nimmt sich vermutlich »sein gutes Recht« auf Fußball, wann es eben ansteht, und sie reagiert. Sprich: Er bringt zunächst ein Ungleichgewicht in das System, und sie versucht nun in ihrem Interesse, dieses auszugleichen. Denn ebenso wie er möchte auch sie ihre Portion Glück haben! *Wie* das erfolgt, ist ganz unterschiedlich; meist haben Partnerschaften dabei im Laufe der Jahre eigene Strategien entwickelt. Schließlich würde sonst ja bei jeder Kleinigkeit eine Beziehung auseinander brechen. Wenn *sie* also nicht gerade beschlossen hat, in Zukunft Fußballbraut zu werden, stehen in der Regel Freundinnentreffen, Beauty-

Nachmittage, Trotzkäufe oder einfach stilles Ignorieren auf dem Programm. Geht in Ordnung, ist aber nicht der ideale Weg, finden wir.

Interessanterweise ist jedoch auch der vermeintliche Königsweg in einer Partnerschaft, also in diesem Fall »er = Fußballfan, sie = Fußballbraut«, nicht per se konfliktfrei. Das liegt vor allem daran, dass diesem Status quo meist eine längere Phase der Veränderung vorausgeht – und das bringt wiederum das ökologische System einer Partnerschaft kurzfristig aus dem Lot. Sprich: Sie macht sich an die Arbeit, auf ihn einige Schritte zuzugehen – und er muss sich zunächst daran gewöhnen.

SO PUNKTEN SIE BEI IHREM LIEBSTEN!

Sie müssen wissen, dass Ihr neues Engagement in Sachen Fußball nicht immer sofort auf ungetrübte Begeisterung stoßen wird! Immerhin sind Sie dann im Begriff, eine »seiner« Domänen zu erobern. Und welcher Mann weicht schon gern ein Stück zur Seite? Lassen Sie sich also nicht von dummen Fragen, verächtlichem Staunen oder gar offener Ablehnung entmutigen! Denken Sie in diesen Phasen Ihrer Annäherung einfach wieder an Kinder im Sandkasten: Sie wollen jetzt auch mit seinen Förmchen spielen – und er braucht einfach ein wenig Zeit, ehe er merkt, dass gemeinsam spielen viel schöner ist.

Denn genau darum geht es: gemeinsam spielen. Denken Sie immer daran, dass er nicht für Ihr Glück zuständig ist und Sie nicht für seins. O.k., Sie lieben sich – einen Anspruch auf allumfassendes Glück haben Sie deshalb jedoch noch nicht. Er wird nie all Ihre Bedürfnisse befriedigen können – und Sie auch nicht die seinen. Aber Sie können sich gegenseitig unterstützen, indem Sie Verständnis und Toleranz für den anderen aufbringen. Und das geht nur im ständigen Wechsel, denn Einseitigkeit schadet jedem Spiel. Wer sich immer auf der Sieger- oder Verliererseite glaubt, ist kein attraktiver Partner; ein dauerndes Unentschieden macht jede Partie zum Schlafmittel. Bleiben Sie sich und Ihrer Persönlichkeit also auch als Fußballbraut treu – schließlich hat er Sie deshalb in sein Herz geschlossen. Kleine Fouls (wenn es gar nicht anders geht), der ein oder andere für ihn überraschende Querpass (um seine Reaktionsfähigkeit zu testen) und natürlich die gelbe Karte als eindringliche Warnung sind erlaubt, denn das gehört in einer gesunden Beziehung und einem guten Kick einfach dazu!

SO PUNKTEN SIE BEI IHREM LIEBSTEN!

Und irgendwann, da sind wir uns ganz sicher, werden auch Sie gemeinsam mit Ihrem Liebsten glücklich vor Begeisterung auf der Fußballwelle reiten – weil es einfach schön ist! Sie werden dann

- jedes wichtige Fußballspiel gemeinsam planen, indem Sie sich rechtzeitig überlegen, was es zu essen und zu trinken gibt und wen Sie möglicherweise dazu einladen. Das entscheidende Detail: Sie werden sich darüber einig sein, was ein *wichtiges* Fußballspiel ist!

- vor dem Fernseher oder im Stadion einander wissend zulächeln, wenn ein von Ihnen favorisierter Spielzug besonders gelungen ist, der Trainer den »richtigen« Spieler auswechselt – und der Kommentator sich wieder einmal bei der Namenszuweisung geirrt hat.
- bei jedem Tor gemeinsam jubeln oder fluchen (hängt davon ab, in welches Tor der Ball fliegt) und sich kurz vor dem Sieg verschwörerisch zugrinsen.
- nach dem Abpfiff und Sieg einander in den Armen liegen, das Spiel noch einmal mit leuchtenden Augen Revue passieren lassen – um dann völlig unverkrampft zum gemütlichen Teil des Abends überzuwechseln.
- im Falle einer Niederlage still gemeinsam leiden, ohne viele Worte, aber mit großer Nähe zueinander. Sie werden wissen, dass ihm genauso wenig wie Ihnen der Sinn nach Gesellschaft, Sex oder Familientreffen steht, und einen ruhigen Abend miteinander verbringen.
- am nächsten Tag wieder klar denken können und sich daran erinnern, dass Wellen aus Kamm und Tal bestehen, und sich – auch wenn Sie ganz unten

sind – schon wieder auf das nächste Hoch freuen. Denn La Ola, die einst südamerikanische Welle der Begeisterung, die auch unsere Stadien mittlerweile erobert hat, hört nie auf.

Wer länger in den Wellen spielt, erlebt auch mehr Höhepunkte – und das ist es doch, wonach wir im Leben suchen!

Diesen Zusammenhang hat übrigens auch der allseits beliebte Fernsehmoderator Günther Jauch erkannt. Nachdem er im Rahmen einer Sondersendung die Highlights der vergangenen Champions League vorstellen durfte, beendete er nachts seine Sendezeit mit dem Appell an die Zuschauer: »Machen Sie sich auch einen Höhepunkt.« Na, bitte.

Und das sagen die Profis – Statement von Steffen Bauer

Dr. Steffen Bauer, geb. 1961, **Dekan der evangelischen Kirche in Heidelberg**, Pfarrer der Heiliggeistkirche, verheiratet, zwei Kinder im Alter von 14 und 10 Jahren, alle **fußballbegeistert,** alle Dortmund-Fans, alle sicher, dass Deutschland Weltmeister wird (hoffentlich!).

Was sind die fünf größten Fauxpas (rote Karte!), die eine Frau beim Fußballschauen vor dem Fernseher begehen kann?

- Im falschen Moment vor Aufregung auf die Fernbedienung fliegen und dabei umschalten. (Konsequenz: Mann hat Fernbedienung immer bei sich.)
- Überhaupt auch nur einen Moment die Sicht auf das Ereignis verstellen. (Konsequenz: Selbst immer einen Schritt näher dran sein am Fernseher.)
- Am Telefon sein, wenn die Entscheidung fällt. (Konsequenz: Telefonieren geht nicht während des Spiels.)
- Laufend aufs Klo zu rennen. (Konsequenz: keine, eigene Machtlosigkeit akzeptieren.)
- Zu meinen, Kinder müssten während eines Spiels mit Benimmregeln erzogen werden. (Konsequenz: noch lauter rufen, toben …)

Was bringt Sie demgegenüber zum (positiven) Staunen?
Hopsen, klatschen, schreien, fluchen, stöhnen, aneinander krallen, toben, sich vor den Fernseher legen, dauernd einen anderen Platz zum Glotzen suchen.

Schauen Sie Fußball lieber getrennt – um später zusammen zu feiern?
Nö!

Gibt es bestimmte Regeln auf der Couch (Essen, Verhalten, Gemütlichkeit)?
Chips und Flips, viel Cola, in der entscheidenden Phase eines Spiels ist die Couch gar nicht mehr wichtig (siehe oben).

Wie wichtig sind Ihrer Meinung nach Fußballregelkenntnisse für Frauen?
Lebenswichtig!

Darf frau während des Spiels nach Regeln fragen?
Nein (tut sie auch nicht).

Wie sehen Sie am liebsten Fußball? Ist Ihre Frau immer dabei?
Sie immer dabei? Ganz im Gegenteil, ich kann nicht immer dabei sein (leider).

Und das sagen die Profis – Statement von Christiaan Pförtner

Christiaan Pförtner, Jahrgang 1966, war Jugend- und U21-Nationalspieler und Bundesliga-Profi unter anderem beim FC Homburg, Hannover 96 und Fortuna Köln. Er arbeitet heute als **DFB-Stützpunkttrainer** in der Kinder- und Jugendförderung.

Was sind die fünf größten Fauxpas (rote Karte!), die eine Frau beim Fußballschauen vor dem Fernseher begehen kann?
- Telefonieren.
- Fingernägel lackieren (des Geruchs wegen).
- Ernste Diskussion beginnen.
- Schiedsrichter spielen.
- Interesse vortäuschen.

Was bringt Sie demgegenüber zum (positiven) Staunen?
Dass Frauen bei einem Fußballspiel auf andere Dinge achten, Fachwissen, Fragen.

Schauen Sie Fußball lieber getrennt – um später zusammen zu feiern?
Ich schaue auch mit Frauen Fußball, aber ich feiere lieber mit ihnen.

Gibt es bestimmte Regeln auf der Couch (Essen, Verhalten, Gemütlichkeit)?
Bis jetzt noch nicht, aber was nicht ist, kann ja noch werden.

Wie wichtig sind Ihrer Meinung nach Fußballregelkenntnisse für Frauen?
Wenn sie keine kennen, sollten sie zumindest nicht versuchen, ein Spiel zu kommentieren.

Darf frau während des Spiels nach Regeln fragen?
Gerne!

Wie sehen Sie am liebsten Fußball?
Am liebsten live. Zu Hause mit meiner Frau und meinen Söhnen. Schön ist es auch, mit guten Freunden vor der Kiste zu sitzen.

Ist Ihre Frau dabei?
Wenn es zeitlich passt, ja.

Vor dem Spiel ist nach dem Spiel

Kennen Sie die Geschichte von Sisyphus? Ja, genau, das war der traurige Held der griechischen Mythologie, der die Aufgabe hatte, einen schweren Stein auf einen Berg zu rollen, und immer kurz vor dem Gipfel rollte dieser wieder hinunter. Sisyphus war ein optimistischer Mensch. Er blieb guten Mutes (auch wenn er das nicht zeigte), schimpfte nicht mit seinem Stein, auch nicht mit sich, sondern ging mit frischem Elan daran, seine Arbeit immer und immer wieder neu zu beginnen.

Insofern sind Sie und Sisyphus Seelengefährten. Auch Sie rollen immer wieder Steine den Berg rauf, die dann wieder runterkugeln. Nur heißen diese Gegenstände nicht Steine und sehen auch nicht so aus. In unserer modernen Welt kommen sie als Mülleimer und Fußabstreifer daher. Oder als Shampooflaschen ohne Deckel. Immer wieder versuchen Sie, Ihrem Mann oder Ihrer Familie zu erklären, dass Shampooflaschen grundsätzlich mit Deckel verkauft werden. Das ergibt einen Sinn, die Hersteller haben sich etwas dabei gedacht. Wieso dann nicht auch zu Hause Flasche und Deckel miteinander verbunden lassen? Es ist vom Produktgott so gewollt!

Wie Sisyphus lächeln Sie vielleicht bemüht, oder Sie schimpfen, schreien, weinen oder werfen sich am Ende aller Kräfte auf die Erde, doch sosehr Sie auch erklären und verdeutlichen, *wie schön es wäre, wenn* – immer wieder wird es zu dem Moment kommen, an dem Sie rufen: »Schatz, wo ist der Deckel der …?«

Sie kennen also das Gefühl, immer wieder von vorne zu beginnen. Es ist nicht neu, sondern alt, und es ist lästig obendrein. Und dann kommen auch wir noch, um Ihnen die unglückselige Botschaft zu überbringen, dass es auch im Fußball kein »Geschafft!« gibt. Zumindest nicht für Sie. Mit dem Fußball haben Sie sich ein anspruchsvolles Hobby zugelegt, eine ganz spezielle Leidenschaft, kurzum: Als echte Fußballbraut sind Sie nun Teil einer »never ending story« geworden. Wie schön! Sie sind nicht mehr allein. Der Fußball wird Sie nie mehr verlassen. Irgendwann verlassen Ihre Kinder das Haus, Ihr Mann möglicherweise schon früher, aber die elf Freunde auf dem Spielfeld bleiben. Zwar in Distanz, aber mal ehrlich, wer will schon von elf Shampooflaschen Deckel suchen … oder meinen Sie etwa, Fußballer wären anders? Na also. Lassen Sie Ihre neuen Freunde lieber in der Flimmerkiste!

Rückblende: Ein langer Fußballabend ist geschafft

Und zwar mit Bravour. Sie haben alles gegeben und alles gewonnen. Sie waren schnell, schlagfertig, witzig, schlau, und zu essen gab es auch noch was. Gratulation! Aber kaum haben Sie das schmutzige Geschirr in die Spülmaschine eingeräumt oder von ihm einräumen lassen, können Sie mit der Planung schon wieder beginnen. Die nächsten Spielrunden stehen nämlich bereits auf dem Programm. So ist der Fußball. Er gibt uns die Möglichkeit, uns in buddhistischer Weltsicht und meditativer Ruhe zu üben. Immer wieder geht das Spiel von vorne los, und immer wieder müssen wir uns darauf einstellen. Positiv betrachtet ist Fußball ein wichtiges Ritual und gibt uns Halt und Sicherheit, denn nie wird der Ball eckig, und immer wird um ihn gekämpft werden. Wenn Sie wollten, dann wären ab jetzt viele Samstage und Wochenenden verplant. Sie können in ferne Städte reisen und anfangen, Fanartikel selbst zu basteln oder Schals zu stricken. Bleibt ganz Ihnen überlassen.

Falls Sie zwanghaft veranlagt sind und Männer kontrollieren müssen, dann können Sie sich jetzt sogar die Hände reiben. Dank König Fußball sind Sie nicht nur sich selbst und Ihrem Partner näher gekommen, nein, Sie haben ihn während eines nicht ganz unerheblichen Teils seiner Freizeit im Auge! Während eines Spiels läuft er nicht weg und geht ganz sicher nicht fremd.

Sind Sie auf Harmonie und Familienidylle aus, dann können Sie zufrieden sein. Während des Spiels wurde alles gegessen, was Sie ihm hingestellt haben – und obendrein zeigte er auch noch Gefühl. Vielleicht nicht für Sie, aber immerhin, es sind Gefühle da. Sie wissen nun, dass er fühlen kann! Kann er es aber im Sport, so kann er es generell und auch Ihnen gegenüber. Alles eine Frage der Übertragung.

Erste Schritte Ihrerseits, wie Empathie, Trost oder Fußball-Know-how, wurden belohnt. Sie haben es geschafft, sich eine Domäne zu eigen zu machen, die vor noch nicht allzu langer Zeit Frauen verschlossen war. Zahnpastatuben, offene Shampooflaschen und herumliegende Socken sind ab jetzt für Sie ein Klacks. Geradezu lächerlich in ihrer Bedeutungslosigkeit.

Sie können sich also auf die Schulter klopfen und einen gelassenen Blick auf den Kalender werfen. Bald ist es wieder so weit. Fast können Sie bis in Ihr Wohnzimmer den Anpfiff hören.

Vorschau – wie geht es weiter?

»Vor dem Spiel ist nach dem Spiel« könnte für Sie zu einem Lebensmotto werden. Wenn Sie möchten, dann haben Sie ab jetzt jede Woche die Gelegenheit zu zeigen, was in Ihnen steckt! Sie können Siege einfahren, Lob und emotionale Streicheleinheiten. Nie war es leichter, über sich selbst hinauszuwachsen! Regelmäßig können Sie nun Flow-Gefühle entwickeln – und zwar nicht nur vor dem Fernseher, sondern auch in Ihrer Partnerschaft. Pokalsicherheit könnte man das nennen.

Schon im Jahr 2000 waren laut einer Sportstudie 74 Prozent der Deutschen an Fußball interessiert. Im Jahr der WM, noch dazu im eigenen Lande, dürften noch ein paar Prozent hinzukommen. Ganz klar, Sie liegen richtig, indem Sie den Fußball zu Ihrer Chefinnensache erklären. Mit jedem Jahr werden sich mehr Menschen für Fußball interessieren. Offen, tolerant, begeisterungsfähig und mitfühlend, wie Sie in Sachen Fußball mittlerweile sind, sind Sie schon jetzt die

Idealbesetzung für eine intakte Beziehung! Die Zeichen könnten also voll und ganz auf rosa Brille stehen, gäbe es nicht Männer – und hätten die nicht eine andere Logik als wir Frauen.

»Schaun mer mal«, würde Kaiser Franz Beckenbauer jetzt vermutlich sagen, und genau das möchten wir zum Abschluss noch einmal gemeinsam mit Ihnen tun. Zur Erinnerung: Wir haben uns ausführlich mit seinen Verhaltensweisen und Gefühlen beim Fußballschauen befasst. Wir haben überlegt, wie Sie als Fußballbraut am besten damit umgehen. Und wir haben Ihnen verraten, was Sie beim Fußball auf keinen Fall tun sollten. Es wird also Zeit, ihn genauer unter die Lupe zu nehmen. Wir wollen wissen,

- wie er seine Fußball-Befindlichkeit in Ihre Beziehung einbringt,
- wie er im Alltag mit Emotionen umgeht
- und wann Sie dringend abpfeifen sollten!

Fußball, Beziehungen und dauerhafte Liebe

Man versteht sie im Grunde nicht und wird sie nie verstehen. An einem Tag möchten Männer Brote geschmiert bekommen und sehnen sich nach Ihrer Hand – und dann schießen sie auf einmal quer, als wäre nicht die Mannschaft, sondern Sie beide auf dem Rasen. Er im grünen, Sie im roten Trikot. Da haben Sie nun alles gegeben und wirklich eine überzeugende Leistung gezeigt, und schon pfuscht er rein. Ihre perfekten Vorlagen werden mit unerfreulichen Querpässen, abgefälschten Bällen und unfairen Schwalben verhunzt. Das ist doch nicht normal! Warum pfeift denn niemand dieses idiotische Spiel ab?

Vielleicht hatte Nick Hornby Recht, als er vor mehr als zehn Jahren fast ein wenig zerknirscht schrieb: »Es ist mir ziemlich deutlich geworden, dass meine Hingabe [an den Fußball, die Verf.] so manches über meinen Charakter (...) aussagt. (...) Viele Leute scheinen Weiblichkeit als eine Qualität zu betrachten, während Männlichkeit für eine große Zahl Menschen beiderlei Geschlechts ein Bündel von Vermutungen und Werturteilen darstellt, das Männer entweder akzeptieren oder ablehnen können. Du magst Fußball? Dann magst du auch Soul, Bier, Leute-vermöbeln, Frauen-an-den-Busen-Grabschen und Geld. (...) Sag einer Frau, dass du Fußball magst, und du kannst dich auf einen ziemlich ernüchternden Einblick in die weibliche Vorstellung vom Mann gefasst machen.«

Ist was dran, finden wir. Aber sie machen es uns ja auch nicht gerade leicht. Dennoch, die meisten Frauen, die wir trafen, waren bemüht, in Zukunft das Leben rund um den Fußball und den Mann, der ihn liebt, anders zu sehen. Schattenseiten gehören zum Leben wie das Salz in die Suppe. Besser man weiß das und baut vor. Sie haben in Ihrem Leben bestimmt schon öfter erlebt, dass manches anders als in der Werbung ist (Nutella ist nicht gesund, Fruchtzwerge sind keine kleinen Steaks, und auch von »Du darfst« kann man tierisch zunehmen, wenn man zu viel davon verdrückt), folglich wird es Sie nicht umhauen, wenn wir einen kurzen Blick auf die Fallstricke werfen, die manche Fußballbraut schon zu Boden gerissen haben.

Halten wir uns in diesem Sinne an Fußballtrainer Udo Lattek, der einmal postulierte: »Die negativen Erfahrungswerte sind meist die besseren als die positiven.« Und bleiben locker hinsichtlich dessen, was uns die Zukunft bringt, denn »das ist Schnee von morgen« (Jens Jeremies), und »... wird alles von den Medien hochsterilisiert«, setzte Bruno Labbadia noch eins drauf.

Nick Hornby stellte sich einmal eine interessante Frage über sein persönliches Verhältnis zum Fußball: »Warum hat die Beziehung, die als Schuljungenschwärmerei begann, beinahe ein Vierteljahrhundert überdauert, länger als irgendeine andere Beziehung, die ich freiwillig eingegangen bin?«

Lieber Nick Hornby, das kennen wir auch mit Schokolade oder besten Freundinnen, nur, dass Letztere uns auch noch Antwort geben, das Fußballleder hingegen schweigt. Auseinandersetzungen sind aber in einer Beziehung wichtig, damit beide voneinander lernen können und die Liebe bleibt. Sonst kommt es noch wie bei Thomas Doll, der meinte: »Ich brauche keinen Butler. Ich habe eine junge Frau«, oder Oliver Reck: »Zu meiner Frau habe ich ein Vater-Sohn-Verhältnis.« Es ist also besser, nicht nur zu kicken, sondern ab und zu auch zu reflektieren. Frau Doll ist übrigens mittlerweile mit jemand anderem verheiratet.

Ballgefühle – wie geht er mit Emotionen um?

Oliver Kahn beschreibt seine Art zu lieben mit den Worten: »Ich bin in meinem Privatleben exakt so wild, wie ich auf dem Platz bin, deshalb hat mich meine Frau auch geheiratet.« Und Mehmet Scholl ist noch direkter: »Mein Körper besteht aus 68 Kilogramm stahlharter Erotik.« Wollen wir das so hören? Frauen mögen es eigentlich nicht, wenn Männer angeben. Ja, Fußballer sind durchtrainiert, haben schöne Waden, manchmal auch einen Waschbrettbauch, aber sie sollen bitte nicht darüber reden und auch nicht plump eitel werden.

Fußball, Beziehungen und dauerhafte Liebe unterliegen einem bestimmten Regelwerk. Manchmal sind die Regeln nachvollziehbar, manchmal kompliziert, und manchmal erscheinen sie komplett schwachsinnig. Das ist so ein bisschen wie mit Italien und dem Essen. In Italien gibt es allgemeingültige Volksweisheiten wie: *Wer krank ist, hat nur weißen Reis zu essen – also ohne Soßen aller Art –, aber dafür mit so viel Öl, wie er will.* Das ist nicht zu verstehen, ein ganzes Land hält sich aber daran. Wir schütteln den Kopf und finden es süß!

Männer könnten eigentlich alle Italiener sein. Man ist gerne mit ihnen zusammen, genießt sie, aber dann gibt es auch immer so *Reis-Geschichten.* Es verschiebt sich was in Herz und Kopf. Dinge, Abläufe, Menschen werden anders wahrgenommen. Während eines Fußballspiels drückt sich diese Andersartigkeit ganz deutlich aus. Deswegen ist es ja so spannend, mit ihm auf dem Platz zu sein oder vor der Glotze zu sitzen. Der Fußballspieler Claus Reitmaier ist ein typischer Vertreter dieser anderen Wahrnehmung, da er nach einem Spiel einfach resümierte: »Wie waren in der 1. Halbzeit über 90 Minuten die überlegene Mannschaft.«

Wenn das so ist, wenn Männer auf dem Rasen so schnell Gefühl und Wahrnehmung durcheinanderbringen oder vergessen, dann brauchen Sie ab jetzt wirklich nicht mehr verärgert zu sein, wenn Ihr Liebster partout nicht mehr zusammenkriegt, wie lange Sie schon zusammen beziehungsweise verheiratet sind.

Oder nehmen Sie Ex-Kicker Andreas Müller: »Mailand oder Madrid, Hauptsache Italien!«, war eine seiner legendärsten Parolen. Erscheint Ihnen die Ignoranz Ihres Schatzes in Bezug auf Versace, Prada, Gucci und Co. mit dieser Hintergrundinformation nicht geradezu verständlich? Wir hören förmlich seine Worte: »… Hauptsache irgendwie angezogen!« Es ist zum Verzweifeln! Wozu tragen wir eigentlich das ganze Geld in diese Läden? Wieso gehen wir überhaupt noch zum Friseur und lassen uns nicht einfach die Haare bis zum Hintern wachsen? »Wir dürfen jetzt nur nicht den Sand in den Kopf stecken«, gibt uns Lothar Matthäus mit auf den Weg, und das tun wir natürlich auch nicht, denn wir sind Frauen, und somit ist Kämpfen unsere Natur. Außerdem haben wir schon genügend Sand im Getriebe.

SO GEHEN SIE AM BESTEN MIT SEINER SICHT DER DINGE UM!

- Sie erkennen an, dass seine Wahrnehmung der Dinge (und des Spiels) geschlechtsspezifisch und damit angeboren ist; den Versuch, diese durch Vorwürfe oder andere Maßnahmen zu verändern, unterdrücken Sie und denken stattdessen an den italienischen Reis!

- Als Kennerin der Fußballregeln führen Sie ihn mittels gemeinsamer Events (Fußballabende) in Richtung partnerschaftliches Verhalten. Das nennt man in der Fachsprache einen Transfer schaffen. Beispiele beleben dieses Geschäft. Nehmen Sie sich also Fußballer vor und diskutieren Sie mit Ihrem Liebsten über deren (Beziehungs-)Verhalten. Vielleicht macht es bei ihm Klick. Kann aber auch sein, dass dieser Groschen nur pfennigweise fällt.
- Sie akzeptieren seine emotionalen Schwankungen rund um den Kick – immerhin akzeptiert er auch Ihre rund um den... Sie wissen schon. Da gibt es vieles, was Sie aus der Bahn wirft, nicht nur die Hormone.
- Sie übernehmen Verantwortung in Krisensituationen, wenn er Sie braucht (nach Niederlagen), so wie er das auch tut, wenn Sie ihn brauchen (für siegreiche Shopping-Touren oder Heulabende beim Liebesfilm).
- Sie erkennen an, dass Humor im Fußball nichts zu suchen hat – bester Beweis ist dieses Buch –, und lachen sich allenfalls heimlich ins Fäustchen, wenn es gar zu komisch wird.
- Sie befreien sich vom hysterischen Gruppenzwang der erklärten Fußballgegnerinnen unter Ihren Freundinnen und zeigen Ihrem Herzstück dadurch, dass partnerschaftliche Solidarität vor dem heimischen Fernseher beginnt. (Wenn Ihre Freundinnen von

Ihren Erlebnissen erfahren, werden auch diese nach und nach zu Fußballfans werden. Bitte also nicht missionieren!)

- Und wenn er Sie einfach nicht in sein Spiel holen will, oder Sie mit ihm nicht mehr spielen möchten, überlegen Sie sich andere Spielplätze oder eine taktische Auswechslung und lassen das Thema einfach in Ruhe.

Fazit: Sie wissen mittlerweile, wie Sie mit seinen Gefühlslagen klarkommen. Bleibt nun noch die Frage, wie er mit seinen Emotionen umgeht. Ist er »mit allen Abwassern gewaschen«, wie es Kicker Norbert Dickel einmal von einem Kollegen behauptete, oder eher zaghaft und vorsichtig, um Sie nicht zu verletzen? Gehört er wie Nick Hornby zu den Fans, die sich amüsieren, indem sie leiden und diese Tränen dann auf den Schultern ihrer Mitmenschen verteilen? Oder ist er eher ein Macho-Typ, der sich hinter kantigen Sprüchen versteckt (»Ich bin kein Streichler, nur bei meiner Frau, sporadisch« Trainer Peter Pacult), um von seinem emotionalen Defizit abzulenken?

Möglicherweise ist er ein **echter Stürmer**, der, einmal in Ballbesitz, schonungslos nach vorne prescht, um das Tor zu machen. Dann freuen Sie sich auf klare Spielzüge in der Beziehung ohne Winkel und Ecken, aber rechnen Sie auch damit, dass Sie gelegentlich buchstäblich überrannt werden! Gibt er Anzeichen, dass er ein Tor schießen will, dann schrauben Sie Ihre Erwartungen ruhig hoch! Wirkliche Treffer werden glanzvoll honoriert. Ein Heiratsantrag ist ein Super-Tor – darauf sollten Sie spektakulär reagieren!

Haben Sie einen typischen **Mittelfeldspieler** mit dem Blick für das gesamte Spielgeschehen an Ihrer Seite? Herzlichen Glückwunsch, eine sichere Nummer. Dieser Mann achtet auf seine Umgebung, also auch auf Sie, und hat bereits gelernt, Reaktionen im Umfeld einzuschätzen. Für die dauerhafte Liebe gibt es gute Chancen. Kleiner Haken: Es kommt vor, dass er seine Sicht der Dinge überschätzt. Er denkt und fühlt quasi für die ganze Mannschaft (Familie) mit und liegt mit seiner Einschätzung immer mal daneben. Das drückt sich zum Beispiel in sonntäglichen Riesenpfannen mit Eiern und Speck aus, obwohl Sie sich fettarm ernähren und die Kinder Müsli-Esser sind. Wenn er sonst ein netter Kerl ist und kein Langweiler (sein größter Risikofaktor), sehen Sie darüber hinweg! Häufen sich seine Fehlinterpretationen jedoch zu sehr (und bei Themen, die Ihnen wichtig sind!), gehört er ins Trainingslager oder auf die Reservebank.

Oh, er ist ein **Verteidiger** par excellence? Dann ist Vorsicht angesagt! Auf dem Rasen ist das ein wichtiger Mann, in der Beziehung kann er zum Problemfall werden. Ganz besonders dann, wenn er lauffaul ist und immer erst dann zur Tat schreitet, wenn der Ball bereits im eigenen Strafraum liegt (von Ihnen da meist ziemlich wütend hineingekickt). Verteidiger neigen dazu, Schwierigkeiten erst kurz vor dem drohenden Schlusspfiff anzugehen, das ist ziemlich lästig. Er reagiert in der Beziehung erst dann, wenn Sie nicht mehr mit ihm reden oder ihm die Pistole auf die Brust setzen. Einen Vorteil hat der Verteidiger jedoch allemal: Meist handelt es sich bei diesem Mann um einen guten und erstaunlich zuverlässigen Retter in scheinbar ausweglosen Situationen! Darin könnte der Grund liegen, dass gerade diese Beziehungen doch ziemlich lang halten.

Ist er ein **Torwart**, der sein Team von hinten anfeuert und kommandiert? Der vielleicht sogar auf die Kapitänsbinde hofft? Schwieriger Fall. Mit einem Tormann als Partner besitzen Sie zwar eine reaktionsschnelle und relativ verlässliche Versicherung, doch in den Angelegenheiten des Herzens haben Sie es vermutlich schwer. Denn er sieht sich in der Verantwortung für das ganze Spiel und beurteilt seine Mannschaft nur nach »funktioniert« (er wird im Tor nicht mit Bällen belästigt) und »funktioniert nicht« (er muss andauernd Paraden bieten). Tormänner sind oft launisch. Greift er einmal daneben und konzentriert sich auf die falsche Ecke, ist immer die Mannschaft schuld, also Sie und die Kinder. Seinem Zorn macht er dann gern lautstark Luft, damit alle seine Beschwerde hören und er sein Gesicht wahren kann. Auch wenn er es war, der den Ball passieren ließ. Vielleicht mögen Sie ja gerade solche Beziehungen, warum auch nicht. Regelmäßiges Elfmetertraining hilft ihm, in Form zu bleiben, und gezielte Schüsse in die emotionalen Weichteile bringen ihn wieder auf die Spur. Sein großer Vorteil ist sein Führungsverhalten: Frauen, die gerne Verantwortung abgeben und einen Beschützer suchen, liegen bei einem Tormann richtig.

Ganz gleich, wie er seine Bälle führt und mit Ihren Emotionen umgeht – wichtig ist, dass Sie ihn auf Trab halten! Denn Stürmer mit Atemnot oder Konditionsschwäche sind nicht erfolgreich, das kann man in der Fußballhistorie verfolgen. Wie das geht? Ganz einfach! Zeigen Sie Ihrem Fußballer, was Sie möchten. Werden Sie deutlich, geben Sie Pässe vor, schreien Sie übers Feld. »Wir kommunizieren über Transpiration. Die Spieler sehen mich schwitzen und sind bereit, das Gleiche zu tun«, meinte einst auch Guus Hiddink, der kein Wort Koreanisch konnte, aber die Mannschaft Südkoreas trainierte. Sie sehen, im Fußball braucht es keine Worte.

Fiese Querpässe, abgefälschte Bälle und unfaire Schwalben – ist er ein Teamplayer?

Fiese Querpässe – mit welchen Sie rechnen müssen

»Bei uns wird auf dem Platz zu wenig gesprochen. Das könnte an der Kommunikation liegen«, stellte Trainer Erich Ribbek fest, als sein Team wieder einmal verloren hatte. In der Tat ist das aufmerksame Miteinander die Grundlage für jeden Mannschaftssport – und für Fußball allemal. Denn nur so können die einzelnen Teams überhaupt miteinander spielen und müssen sich nicht über völlig unerwartete Querpässe oder abgefälschte Bälle ärgern, die nichts oder gar den Gegner in Ballbesitz bringen.

In der Beziehung ist das ganz ähnlich. Nur dass das Team hier kleiner ist: Sie und er. Aber Sie beide sind eine Mannschaft und haben ein gemeinsames Ziel. *Sie* auf jeden Fall. Und *er*? Ist er wirklich ein Teamplayer, so wie Sie es gern hätten? Oder hat Ihre kleine Mannschaft immer wieder mit diesen verteufelt gemeinen Querpässen zu kämpfen, die von seinem Fuß abprallen und Sie aus der Bahn werfen?

Kleine fiese Querpässe kennen Sie vermutlich gut aus Ihren Beziehungen. Wenn nicht aus der aktuellen, dann wahrscheinlich aus einer alten gescheiterten. Wir meinen nicht solche Querpässe, die ein gutes Spiel auflockern und tolle Seitenwechsel einleiten. Nein, wir denken hier an all jene Seitenhiebe wie respektloses Verhalten, sein machohaftes Abwerten Ihrer Person und all die anderen alltäglichen Gemeinheiten, die Sie immer wieder vor die Frage stellen, ob Sie tatsächlich im richtigen Team und auf das gleiche Tor spielen.

Würden Sie Ihre Mannschaft allerdings im Prinzip als ein Gewinner-Team bezeichnen, dann sollten Sie ärgerliche Spielstörungen nicht zu ernst nehmen. Störende Querpässe von ihm kommen in dieser Konstellation übrigens immer dann, wenn Sie nicht so funktionieren, wie er es gerne hätte. Typisches Beispiel – Mehmet Scholl: »Ich hatte noch nie Streit mit meiner Frau. Bis auf das eine Mal, als sie mit aufs Hochzeitsfoto wollte.« Einerseits betont er die Stärke seines Teams, andererseits geht er rigoros mit Abweichungen um. Kommt Ihnen das bekannt vor?

Oder spielen Sie derzeit in einer dieser »zusammengekauften« Mannschaften, da Sie eher ein finanzielles Interesse hegen? Kann auch gut gehen, zumindest eine Weile. Bleiben Sie im Team, solange die Kohle fließt. Sein klassischer Querpass hier ist übrigens die Gehaltskürzung. Aber Gott sei Dank gibt es auf dem Markt viele andere großzügige Teams.

Oh, Sie waren mit Ihrem Partner schon zusammen in der Jugendmannschaft? Kompliment, dann haben Sie es aber lange miteinander ausgehalten. Solange keiner das Gefühl hat, etwas verpasst zu haben, warum nicht? Als gemeiner Querpass in diesem Team allerdings unschwer zu erkennen: der Identitäts- und Respektverlust dem anderen gegenüber – wie offenbar bei Familie Fritz Walter jun. Auf die Frage nach dem Namen seiner Frau antwortete er spontan und ehrlich: »Ha, auch Walter!«

Wenn jedoch Ihr Trainer (Mutter, Schwiegermutter) einfach bestimmt hat, dass Sie beide als Team unschlagbar sind, ist Vorsicht geboten. Zeiten ändern sich, Mütter selten, Muttersöhne nie! Besagte Querpässe sind in diesem Fall alle Sätze, die mit »Meine Mutter ist auch der Meinung, dass…«, »Schatz, Mutti findet…«, »Bei meiner Mutter war es früher aber…« und so weiter beginnen, Sie wissen schon.

Ach so, Sie spielen in einer Mannschaft, weil Sie keine Lust haben, alleine zu kicken? Eine Art Interessensgemeinschaft gegen die Einsamkeit? Vergessen Sie es! *Ein* Angebot von einem auswärtigen Verein – und einer von Ihnen ist weg. Tut uns Leid, aber wir möchten Ihnen nichts vormachen. Störende Querpässe hagelt es hier eigentlich dauernd – nämlich all das Interesse und die Aufmerksamkeit, die Ihnen verwehrt und anderen gewährt werden.

Dümpelt Ihr Beziehungsteam seit Jahren in der Kreisklasse herum? Dann fehlen Ihnen offenbar gute Sturmspitzen und neue Impulse! Vielleicht sollten Sie sich mal umschauen – nette Mannschaften gibt es mehr, als Sie denken! Einen Querpass in der Kreisklasse erkennen Sie vor allem an Unqualifiziertheit, so wie bei Peter Pacult, der über eine Fußballer-Gattin einmal meinte: »Von finanziellen Dingen mag sie ja Ahnung haben, aber im Fußball sollte sie nicht mitreden. Da gehört die Frau an den Herd.« Mehr ist dazu wohl nicht zu sagen.

Fazit: Wie auch immer Ihr Team derzeit aufgestellt ist, behalten Sie Technik und Taktik im Auge, um fiesen und ineffektiven Querpässen entweder frühzeitig auszuweichen oder angemessen darauf zu reagieren. Man(n) spielt sich nämlich schnell auf einem bestimmten Niveau ein – und bleibt dann dort, weil es so bequem ist. Wenn Sie Ihr Team immer im Blick haben, lernen Sie ganz schnell, solche Querpässe schon im Ansatz zu erkennen. Und was meinen Sie, wie er staunt, wenn Sie dann nicht wie sonst so oft getroffen und schwach auf dem Rasen liegen, sondern den Ball annehmen und gekonnt im Tor versenken!

Abgefälschte Bälle? Lassen Sie sich nicht irreführen!

Abgefälschte Bälle sind eigentlich nichts anderes als verunglückte Pässe. Das meinen zumindest wir. Männer hingegen glauben fest daran, dass die uneingeplante Richtungsänderung ihres Balles stets pure Absicht war – vor allem dann, wenn aus einem total verdaddelten Schuss ein Tor wurde. Denn Männer sind von Geburt an auf Sieg gepolt, abgefälscht oder nicht. Darüber können Sie als Fußballbraut natürlich nur milde lächeln. Was hat Ihr Süßer doch nur wieder für ein Selbstbild, wie niedlich. Total daneben, aber *so* überzeugt von sich. Wenn Sie können, dann lassen Sie ihm einfach die Illusion, er freut sich doch so sehr. Nehmen Sie ihn später auseinander, gemeinsam mit Ihren Freundinnen. Das geht dann ganz schnell, ist sehr unterhaltsam und ungemein befriedigend.

Es kommt in den besten Teams (Familien) vor: Er glaubt,

ein echter Kerl zu sein, irre männlich und stark, sie weiß jedoch, dass die Realität ganz anders aussieht. Da er wiederum weiß, dass *sie* sein Spiel durchschaut hat, setzt er auf abgefälschte Bälle. Genauer gesagt versucht er bei jeder sich ihm bietenden Gelegenheit, vom Kern der Sache abzulenken, indem er nach außen anders handelt oder kommuniziert, als in Wirklichkeit Sache ist. Wichtig ist nur, dass Sie abgefälschte Bälle immer rechtzeitig erkennen, ob Sie es ihm mitteilen oder auch nicht. Sie sollten also über sein tatsächliches Beziehungspotenzial gut informiert sein und aufmerksam werden, wenn sich die unkontrollierten Schüsse (egal ob hinterher im Tor oder nicht) häufen.

Typische Anzeichen für abgefälschte Bälle können sein peinlich berührtes Schweigen sein, wenn seine Freunde aus dem Nähkästchen plaudern (gut zuhören!), völlig unerwartete Geschenke (Vorsicht, Ablenkungsmanöver!), umständliche Ausreden (schlechtes Gewissen?) oder in epischer Breite dargelegte berufliche Erfolge (ist er etwa ein Absahner?). Können, müssen aber nicht. Trotzdem: Aufmerksamkeit, um nicht zu sagen Wachsamkeit, ist sicherlich nicht falsch. Wahrscheinlich wissen Sie selbst ohnehin am besten, *wie* er versucht, durch abgefälschte Bälle Tore zu machen. Möglicherweise wollten Sie sich jedoch dieses mangelnde Fairplay Ihres Schatzes bislang noch gar nicht so genau anschauen, weil es bequemer ist. Das können Sie natürlich so handhaben. Ein gutes Spiel wird aber nicht daraus.

Unfaire Schwalben? So spielen Sie ihn aus!

Wie war das noch? Die besten Schwalben sind die, die keiner erkennt. Wie gut, dass Sie jetzt einen geschärften Blick für sein Verhalten haben – Fußball sei Dank! Denn Schwalben sind seine Spezialität – ganz gleich, was für ein Spielertyp er ist. Er täuscht, betrügt, flunkert ein wenig oder ist einfach gemein, manchmal ohne es zu merken. Doch Sie können ihn enttarnen und ausspielen! Hier ein paar Spielzüge als Inspiration:

- Er schmückt sich immer wieder mit fremden Federn, vorzugsweise Ihren? Und nun auch beim Fußball, da Sie plötzlich praktischerweise so viel Fachwissen mitbringen? Kein Problem! Wenn er das nächste Mal vor seinen Freunden eine Wette gewinnt, weil Sie ihm am Vorabend ein erstaunliches Fußball-Detail verraten haben, enttarnen Sie ihn! Und zwar ganz naiv: »Ja, ja, er fragt so oft und ist dabei so aufmerksam! Ach Gott, Schatz, ich hab doch jetzt nichts Falsches gesagt, oder?« (Wer kann, setzt einen treuherzigen Augenaufschlag hinterher.)
- Er verleugnet Ihre überdurchschnittliche Fußball-Kompetenz? Stellen Sie ihm beim gemeinsamen Abendessen mit Freunden eine »harmlose« Frage à la »Wie war das noch damals mit dem Finale in Burkina Faso, Schatz?« Er wird stottern und drucksen – und Ihnen fällt der nette Schwank natürlich plötzlich doch wieder ein.
- Er möchte Sie beim Spiel vor dem Fernseher nicht

dabei haben, weil Sie mittlerweile zu viel Ahnung haben, und verabredet sich unauffällig mit seinen Freunden in der Kneipe? Macht nichts! Starten Sie eine kurzfristige Telefonaktion und laden Sie seine Clique zur Überraschungsparty (für ihn) ins heimische Wohnzimmer. Bei der Gelegenheit können Sie dann auch gleich noch zeigen, dass Ihnen ein perfekter Fußballabend gelingt.

Fassen wir also noch einmal zusammen: *Sie* sind von Natur aus ein Teamplayer, stets auf der harmonischen Suche nach dem gemeinsamen Ziel. Das ist eben so bei Frauen. Deshalb haben Sie sich ja auch auf den Weg gemacht, als perfekte Fußballbraut an seiner Seite zu stehen. *Er* hingegen spielt nicht immer ganz so fair, zumindest nicht in Ihrem gemeinsamen Team, das sich Freundschaft, Beziehung, Ehe oder Familie nennt. Denn er verfolgt gern auch seine eigenen Ziele, ohne Sie. Das tut er dann mit störenden Querpässen, abgefälschten Bällen oder unfairen Schwalben. Ein echter Teamplayer ist er also eigentlich nicht. Vielleicht willig, aber nicht fähig. Dabei müssen Sie ihm also helfen. Und das können Sie – als Frau, als Partnerin und nun auch als Fußballbraut. Wie praktisch.

Bolzplatz oder Stadion – wenn Fußball zur Stilfrage wird

Ein kleines, aber feines Detail haben wir bislang noch gar nicht angesprochen. Hat auch nicht direkt etwas mit dem Kick selbst zu tun, aber mit dem ganzen Drumherum. Von daher gehört es in gewisser Weise auch zum Grundwissen einer echten Fußballbraut: das Bewusstsein, dass Fußball durchaus eine Stilfrage ist. Nein, wir denken jetzt nicht an all die unsäglichen Outfits professioneller Spieler oder passionierter Fans (die sich aber in den letzten Jahren gebessert haben). Und wir reden auch nicht von stilistisch-technischen Finessen auf dem grünen Rasen, das ist ohnehin Ansichtssache. Was wir meinen, hat mit einer Grundeinstellung zum Fußball zu tun, in bestimmten Bereichen auch mit gesellschaftlichen Faktoren – und natürlich mit Geld.

Der an sich ganz banale Hintergrund: Fußballfan ist nicht Fußballfan. Ohne hier in eine ausführliche Fan-Typologie einsteigen zu wollen (das haben bereits andere zur Genüge geleistet), möchten wir Ihnen am Beispiel eines durchschnittlichen Stadion-Publikums verdeutlichen, was wir mit Stil meinen. Stellen Sie sich also ein typisches deutsches Stadionoval eines Bundesliga-Vereins vor: Es gibt VIP-Bereiche, Haupttribünen- und Tribünenplätze, Fankurven, Stehplätze mit guter Sicht und Stehplätze mit weniger guter Sicht. Und allein durch die Überlegung, wer wo steht oder sitzt, sind wir schon beim Stil!

Fangen wir der Einfachheit halber »oben« an, im VIP-Bereich. Hier tummelt sich alles, was Rang, Namen oder Geld hat, längst nicht nur aus der Sportszene. Passionierte Fans sind hier eher selten; es geht ums Geschäft (mit dem Fußball), um den gesellschaftlichen Event (dabei sein wollen) und um Politik (Volksnähe zeigen, Beziehungen knüpfen). Man bleibt unter sich, egal wie die da unten kicken. Fußball dient hier als netter Hintergrund für das Leben jenseits der Masse – und wird damit zum Stilfaktor **Klasse**.

Auf den Tribünenplätzen vermischt sich der fußballbegeisterte Geldadel mit Dauerkartenbesitzern und sporadischen Besuchern, die es dann so richtig krachen lassen wollen (ohne auf Bequemlichkeit zu verzichten). Man sieht gut, sitzt gut und kommt gut miteinander aus – das hohe Preisniveau der Karten selektiert unauffällig. Fußball ist hier der pure **Genuss** – mal gepaart mit echtem Fanverhalten, mal mit Spaß am Spiel, mal mit Freude am Stadionerlebnis.

Ganz anders die Fankurven, denn hier geht es zur Sache. Gesellschaftliche Konventionen und Benimmregeln treten hier nur insofern in Erscheinung, als dass man möglichst mit allen zusammen brüllt, schimpft, leidet, singt und jubelt. Das geht dann auch gern einmal unter die Gürtellinie oder ist grauenhaft geschmacklos – als passionierter Fan empfindet man es aber nicht so. Interessanterweise trifft man gerade hier auf zwei klassische Fan-Typen: den intellektuellen Fußball-Liebhaber und den einfachen, kreuzehrlichen Fan aus der Arbeiterschicht. Beide verbindet die Liebe zum Fußball, oft eine innige Verbundenheit zu einem Team – und ein Stil, den wir mit **Leidenschaft** überschreiben würden. Beide Fangruppen verstehen sich im Stadion erstaunlich gut (das ist im wirklichen Leben anders) und können gemeinsam über Zitate lachen wie »Rehhagel geht

mit Goethe ins Bett, ich mit meiner Frau« (Trainer Friedel Rausch).

Auf den Stehplätzen vermischt sich das Bild ziemlich. Wir sind sogar mittlerweile davon überzeugt, dass der ganz normale Stehplatz-Fan im Prinzip auf der Durchreise ist, es sei denn, er hat eine Dauerkarte. Denn irgendwann finden sich viele der Stehplatz-Besucher in Fankurven oder auf den Sitzplatz-Tribünen wieder, wenn sie an viel Geld kommen oder berühmt werden, geht es ab in den VIP-Bereich. Der Stil, der hier vorherrscht, ist im Prinzip heterogen, allerdings mit einem gemeinsamen Faktor: dem **Interesse** am Fußball. Wie sich dieses Interesse später weiterentwickelt, ist ganz unterschiedlich. Deshalb findet man in diesem Bereich eines Stadions auch recht viele Einsteiger – und junge Fußballbräute wie Sie! Wer weiß, von welchem Platz aus Sie dann später mitfiebern.

Warum wir uns mit solchen Stilfragen befassen? Ganz einfach: Damit Sie wissen, dass es sie gibt. Und sie sind hartnäckig, diese Stilfaktoren: Einmal Fußballfan aus Leidenschaft, immer Fußballfan aus Leidenschaft! Einmal Klassenbewusstsein, immer Klassenbewusstsein! Einmal Genuss-Kicker, immer Genuss-Kicker. Nur beim Interesse gibt's noch Entwicklungspotenzial, bei Ihnen also.

Umgekehrt bedeutet dies aber, dass Sie aus einem raubeinigen Stahlarbeiter aus dem Ruhrpott (und eingefleischten Schalke-Fan) keinen Intellektuellen machen – und bei einem klassenbewussten Mitläufer niemals echte Leidenschaft entfachen. Wenn Sie nun noch einmal an Ihren Liebsten denken, wird Ihnen möglicherweise manches klar ... Welche Bilder auch immer jetzt in Ihnen entstehen, mitge-

ben möchten wir Ihnen am Ende dieses Kapitels eine Erkenntnis des ehemaligen Dresdner Trainers Hansi Kreische: »Aus Scheiße kann man keine Bonbons machen!«

Und das sagen die Profis – Statement von Joachim Kurz

Joachim Kurz, Jahrgang 1967, studierte Filmwissenschaft, Kunstgeschichte und Philosophie. Er ist der klassische **intellektuelle Fußballfan** und spielt in einer Mannheimer Thekenmannschaft (Alte Herren) einmal pro Woche selbst. Er arbeitet als Journalist und Autor und lebt mit seiner Familie in Speyer.

Was sind die fünf größten Fauxpas (rote Karte!), die eine Frau beim Fußballschauen vor dem Fernseher begehen kann?

- Fußballspieler nach dem Aussehen zu beurteilen.
- Sich auf den Trikottausch zu freuen und dies auch noch sagen.
- Wenn frau sich ständig rückversichert, ob sie diese oder jene Szene oder den gesamten Spielverlauf richtig interpretiert hat.
- Wenn frau plötzlich während des entscheidenden Elfmeters oder in der Verlängerung Kuscheleinheiten verlangt.

- Wenn frau während des Spiels stundenlang mit ihrer besten Freundin telefoniert.

Was bringt Sie demgegenüber zum (positiven) Staunen?
Kluge Kommentare, von denen sich manche Moderatoren eine Scheibe abschneiden könnten.

Schauen Sie Fußball lieber getrennt – um später zusammen zu feiern?
Nein.

Gibt es bestimmte Regeln auf der Couch (Essen, Verhalten, Gemütlichkeit)?
Kein Sex während des Spiels!

Wie wichtig sind Ihrer Meinung nach Fußballregelkenntnisse für Frauen?
22 Mann, ein Ball, ein Schiedsrichter und der Zweck, den Ball im Tor des Gegners unterzubringen, reicht, denn ein wirkliches Abseits zu erkennen schaffen selbst viele Linienrichter nicht. Und die werden immerhin dafür bezahlt.

Darf frau während des Spiels nach Regeln fragen?
Wenn sie *einmal* fragt, ja …

Wie sehen Sie am liebsten Fußball?
Mit Freunden! Wirklich wichtige Spiele sollte man allerdings in aller Ruhe und klösterlicher Einsamkeit zelebrieren.

Ist Ihre Frau dabei?

Ja. Aber nur bei Länderspielen und niemals bei der Bundesliga. Das liegt vor allem daran, dass die samstäglichen sieben Spiele hintereinander der Overkill für jede Frau sind.

Werden Sie zur Ehrenspielführerin auf Lebenszeit!

»Am Neujahrstag 1987 (...) fing ich an zu begreifen, warum eine Frau, die den ritualisierten Fußball nicht nur erträgt, sondern aktiv daran teilnimmt, für viele Männer so etwas wie eine Fantasiegestalt geworden ist«, schrieb Nick Hornby rückblickend noch Anfang der neunziger Jahre. Nun, mittlerweile sind knapp fünfzehn Jahre vergangen – und *Sie* haben das Spielfeld betreten. Kompetent, augenzwinkernd, taktisch geschult und technisch ausgereift stehen Sie nun auf dem Platz, bereit zum Spiel mit Ihrem Liebsten. Sie sind eine Fußballbraut, die bereits ja gesagt hat – und nun auf seine Zusage wartet.

Manche von Ihnen werden vermutlich etwas länger warten als andere; denn er muss sich erst an Sie, seine neue und außerordentlich talentierte Teamkollegin, gewöhnen. Andere unter Ihnen werden möglicherweise gar nicht dazu kommen, ihr »ja« zu verkünden – begeistert und voller Liebe hat er Sie schon vorher in seine Arme geschlossen. Wieder andere müssen unter Umständen erst eine Probezeit in der Mannschaft überstehen, ehe sie sich ihren Stammplatz sichern, aber auch das werden sie schaffen! Und ein paar Single-Fußballbräute lauern vielleicht am Spielfeld-

rand, in der Hoffnung, dass *Ihr* Team nicht funktioniert. Kommt leider auch gelegentlich vor, die gegnerische Abwahl.

Will man Sie nicht recht dabei haben, dann bleiben Sie dennoch im Geschehen, keine Sorge. Es gibt mit Sicherheit Kapitäne, die sich die Finger nach Ihnen lecken! Denn Sie sind eine echte Fußballbraut – und das ist etwas ganz Besonderes.

Nun kommt es darauf an, dass Sie etwas daraus machen! Wenn Sie nicht aktiv bleiben, landen Sie nämlich ganz schnell auf der Reservebank. Unser Vorschlag: Werden Sie Ehrenspielführerin auf Lebenszeit. Dann sind Sie immer dabei, ohne sich permanent die Hacken wund rennen zu müssen. Quasi aus der Schusslinie, aber immer schussbereit. Klingt doch ganz angenehm, oder?

Rasenpflege – übernehmen Sie Verantwortung für Ihr Beziehungsspiel!

Womit protzte Kicker Steffen Baumgart einmal in einem Interview? »Wir haben genügend Potenz für die Bundesliga.« Wir gehen mal davon aus, dass er eigentlich »Potenzial« meinte und schließen uns dem an. Denn *Sie haben nun das Potenzial zur perfekten Fußballbraut* – beim Kick ebenso wie im privaten Alltag.

Unser Tipp: Ruhen Sie sich niemals darauf aus! Trainieren Sie regelmäßig, und pflegen Sie Ihren Rasen, damit Sie noch lange Freude am gemeinsamen Spiel haben. Das geht nur, wenn Sie auch die Verantwortung dafür übernehmen.

Ihr Liebster muss es ja nicht merken, wenn es ihm schwer fällt, damit umzugehen. Aber er darf ruhig mitbekommen, wie groß Ihr emotionales und spielerisches Know-how in Sachen Fußball geworden ist. Eigentlich könnte er dafür mit Ihnen einmal richtig feiern – ob vor dem Spiel oder danach ist egal.

Hauptsache feiern – Sie haben es sich wirklich verdient!

Ach ja, ein kleiner Nachtrag noch: Bitte erwarten Sie nicht, dass Ihr Einsatz als Fußballbraut sofort zu spürbaren Veränderungen in Sachen »Vorurteile« und »Allgemeinplätze« führt. Hier ist wirklich noch Basisarbeit zu leisten – wie ein Bonmot des allseits beliebten und an sich sehr toleranten ehemaligen Bundespräsidenten Johannes Rau zeigt. Auf die Frage, ob man nicht in Zukunft das eine oder andere Fußballstadion nach einer Frau benennen sollte, antwortete er: »Und wie soll dann bitte so ein Stadion heißen? Vielleicht Ernst-Kuzorra-seine-Frau-ihr-Stadion?«

Wir sparen uns an dieser Stelle einen Kommentar …

Anhang

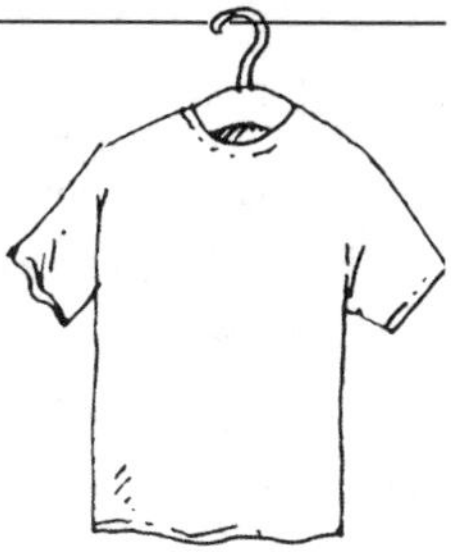

Bereits heute ein echter Klassiker – die berühmt-berüchtigte Rede von Giovanni Trapattoni

Es gibt Dinge im Fußball, die muss man einfach kennen. Dazu gehört unserer Meinung nach auch die Rede des damaligen »Bayern München«-Trainers Trapattoni, der in einer Pressekonferenz am 10. März 1998 seinen Ärger über die Leistung seiner Mannschaft kundtat. Seither ist nicht nur die Fußballwelt um einige wunderbare Zitate reicher.

»Es gibt im Moment in diese Mannschaft, oh, einige Spieler vergessen ihren Profi, was sie sind. Ich lese nicht sehr viele Zeitungen, aber ich habe gehört viele Situationen:

1. Wir haben nicht offensiv gespielt. Es gibt keine deutsche Mannschaft spielt offensiv und die Namen offensiv wie Bayern. Letzte Spiel hatten wir in Platz drei Spitzen: Elber, Jancker und dann Zickler. Wir mussen nicht vergessen Zickler. Zickler ist eine Spitzen mehr Mehmet e mehr Basler. Ist klar diese Wörter, ist möglich verstehen, was ich hab gesagt? Danke. Offensiv, offensiv ist wie machen in Platz.

2. Ich habe erklärt mit diese zwei Spieler: Nach Dortmund brauchen vielleicht Halbzeit Pause. Ich habe auch andere Mannschaften gesehen in Europa nach diese Mittwoch. Ich habe gesehen auch zwei Tage die Training. Ein Trainer ist nicht ein Idiot! Ein Trainer sehen, was passieren in Platz. In diese Spiel es waren zwei, drei oder vier Spieler, die waren schwach wie eine Flasche leer! Haben Sie gesehen Mittwoch? Hat gespielt Mehmet oder gespielt Basler oder gespielt Trapattoni? Diese Spieler beklagen mehr, als sie spielen! Wissen Sie, warum die Italien-Mannschaften kaufen nicht diese Spieler? Weil wir haben gesehe viele Male solche Spiel. Haben gesagt, sind nicht Spieler für die italienische Meisters. Struuuunz! Strunz ist zwei Jahre hier, hat gespielt zehn Spiele, ist immer verletzt. Was erlauben Strunz?! Letzte Jahr Meister geworden mit Hamann, eh… Nerlinger. Diese Spieler waren Spieler und waren Meister geworden. Ist immer verletzt! Hat gespielt 25 Spiele in diese Mannschaft, in diese Verein. Muss respektieren die andere Kollegen!

Haben viele nette Kollegen, stellen sie die Kollegen infrage! Haben keine Mut an Worten, aber ich weiß, was denken über diese Spieler. Mussen zeigen jetzt, ich will, Samstag, diese Spieler mussen zeigen mich, eh…, seine Fans, mussen alleine die Spiel gewinnen. Muss allein die Spiel gewinnen! Ich bin müde jetzt Vater diese Spieler, eh…, verteidige immer diese Spieler. Ich habe immer die Schulde… über diese Spieler. Einer ist Mario, einer, ein anderer ist Mehmet. Strunz dagegen, egal, hat nur gespielt 25 Prozent diese Spiel! (Pause) **Ich habe fertig!**«

(Zitiert nach *Die Zeit*, Nr. 34 vom 18.8.05, S. 54/55)

»Das erste Tor ist bereits gefallen…«

… und hier die Geschichte zu einem der berühmtesten Kommentare in der deutschen Fußballgeschichte! Die Helden tobten diesmal allerdings nicht auf dem grünen Rasen, sondern improvisierten hinter dem Mikrofon.

Aber alles der Reihe nach: Es passierte in Madrid 1998 beim Champions-League-Halbfinale zwischen Real Madrid und Borussia Dortmund. Aus deutscher Sicht eine hochinteressante Partie, weswegen man auch ein kompetentes Moderatoren-Duo, Günter Jauch und Marcel Reif, verpflichtete, die Fernseh-Live-Übertragung zu begleiten. Eigentlich Tagesgeschäft für die beiden, doch in diesem Fall ein Job mit Hindernissen…

Ehe nämlich das Spiel überhaupt angepfiffen wurde, kippte eines der beiden Tore um! Als schnell herbeigeeilte Helfer versuchten, es wieder aufzurichten, stellte man fest, dass es nicht zu reparieren war – und trug es unter dem Gejohle der Zuschauer aus dem Stadion. Tja, und ohne Tor – kein Kick!

Die Moderatoren standen nun vor dem Problem, die vielen Fernsehzuschauer über einen Zeitraum von insgesamt eineinhalb Stunden (!) buchstäblich bei der Stange zu halten, was angesichts des bislang nicht stattgefundenen Spieles relativ schwierig war. Schon bald waren Backgroundinfos und Statistiken erschöpft – und die beiden Journalisten Jauch und Reif mussten zeigen, was sie drauf hatten (während irgendwo fieberhaft ein neues Tor gezimmert wurde). Das Ganze wurde zu einer Art Sternstunde des deutschen

Fußballkommentars und ist mit Sätzen wie der in unserer Überschrift oder »Noch nie hätte ein Tor einem Spiel so gut getan wie heute« in die Geschichte eingegangen.

Die perfekte Fußballbraut – das finale Quiz

Testen Sie hier, wie weit Sie tatsächlich schon gekommen sind! Einfach pro Frage die Ihrer Meinung nach richtige Antwort ankreuzen – die Auflösung und Auswertung finden Sie auf Seite 267.

1. **Manndeckung ist …**
   (a) eine Spieltaktik.
   (b) eine Sextechnik.
   (c) etwas Langweiliges.

2. **Eine vollständige Mannschaft besteht aus …**
   (a) 11 Spielern plus Torwart.
   (b) 11 Spielern inklusive Torwart.
   (c) 11 Spielern plus Ihrem Liebsten als Coach.

3. **Der Schiedsrichter hat …**
   (a) immer Recht.
   (b) manchmal Recht.
   (c) nie Recht.

4. Ein gutes Foul ist gut, weil...
(a) der Gegner vom Platz getragen wird.
(b) es sich in irgendeiner Form lohnt.
(c) es mit der roten Karte belohnt wird.

5. Als Stürmer bezeichnet man...
(a) Angriffsspieler mit Torambitionen.
(b) Draufgänger mit eindeutigen Absichten.
(c) störende Windböen, die den Ball vom Tor ablenken.

6. Ihr Schatz ist prinzipiell...
(a) ein besserer Kicker als alle anderen Profis.
(b) ein besserer Schiedsrichter.
(c) ein besserer Trainer.

7. Abseits steht ein Spieler, wenn...
(a) ihn seine Frau abserviert hat.
(b) er als letzter Mann vor dem gegnerischen Torwart einen Ball vom Mannschaftskollegen annimmt.
(c) der Linienrichter aufgeregt sein Fähnchen schwingt.

8. Elfmeter gibt es immer dann, wenn...
(a) Ihr Liebster vor dem Fernseher kollabiert.
(b) ein Foul im Strafraum abgepfiffen wurde.
(c) ein Spieler den Tormann übel beleidigt.

9. Schwalben sind...
(a) flugbegeisterte Sommervögel.
(b) besonders laufstarke Schiedsrichter.
(c) getürkte Fouls.

10. Die Lieblingsfrisur von Fußballern war lange Zeit …
(a) Vokuhila.
(b) Dauerwelle.
(c) Glatze.

11. Zum Fußball-Fernsehabend passen am besten …
(a) Chips, Bier und Cola.
(b) Schnittchen mit üppiger Deko.
(c) Spaghetti und ein guter Rotwein.

12. Zum perfekten Kicker-Outfit gehört zwingend …
(a) ein Stirnband.
(b) die Adilette.
(c) ein goldenes Kettchen mit einem Kreuz.

13. Ein Fußballtor hat in etwa folgende Größe:
(a) Ist von Platz zu Platz verschieden.
(b) So 7 mal wie war das noch gleich genau?
(c) 7,30 x 2,40 Meter, verändert sich aber je nach Torwart.

14. Ein Einwurf ist …
(a) ein kluger Kommentar aus Ihrem Munde.
(b) ein besonders fieses Foul.
(c) wenn der Ball aus dem Seitenaus wieder ins Spiel gebracht wird.

15. Von abgefälschten Bällen spricht man dann, wenn …
(a) er sich gern mit fremden Federn schmückt.
(b) ein Ball unerwartet seine Richtung wechselt.
(c) der Ball Auslöser für eine Schwalbe ist.

16. Der Ball ist im Tor, wenn…

(a) er sich hinter der Torlinie befindet.
(b) er auf der Linie landet.
(c) Ihr Liebster jubelt.

17. Mit Tunnelblick bezeichnet man beim Fußball…

(a) den Gesichtsausdruck der Spieler, wenn sie aus den Kabinen kommen.
(b) seinen stieren Blick zum Fernseher.
(c) den Augenkontakt zwischen Torwart und Schütze beim Elfmeter.

18. Die FIFA ist…

(a) der Welt-Fußballverband.
(b) in den Augen vieler überflüssig.
(c) die Dachorganisation der Bundesliga.

19. Ein gemeines Foul wird im Idealfall…

(a) nicht erkannt.
(b) mit einem Freistoß bestraft.
(c) mit der roten Karte geahndet.

20. Fußballkommentatoren im Fernsehen sind…

(a) immer gut informiert.
(b) auch nur Menschen.
(c) eine andere Form des modernen Kabaretts.

Auflösung:

Frage	Antwort a	Antwort b	Antwort c
1	3 Punkte	0 Punkte	2 Punkte
2	0 Punkte	3 Punkte	2 Punkte
3	0 Punkte	2 Punkte	3 Punkte
4	2 Punkte	3 Punkte	0 Punkte
5	3 Punkte	2 Punkte	0 Punkte
6	0 Punkte	2 Punkte	3 Punkte
7	2 Punkte	3 Punkte	0 Punkte
8	2 Punkte	3 Punkte	0 Punkte
9	2 Punkte	0 Punkte	3 Punkte
10	3 Punkte	2 Punkte	0 Punkte
11	3 Punkte	2 Punkte	0 Punkte
12	0 Punkte	3 Punkte	2 Punkte
13	0 Punkte	3 Punkte	2 Punkte
14	2 Punkte	0 Punkte	3 Punkte
15	2 Punkte	3 Punkte	0 Punkte
16	3 Punkte	0 Punkte	2 Punkte
17	2 Punkte	3 Punkte	0 Punkte
18	3 Punkte	2 Punkte	0 Punkte
19	0 Punkte	2 Punkte	3 Punkte
20	0 Punkte	3 Punkte	2 Punkte

Anmerkung:
3 Punkte gibt's für wirklich korrekte Antworten.

1 Punkt verteilen wir für Antworten, die in gewisser Weise auch stimmen – möglicherweise eine andere Sichtweise der Dinge beleuchten.

0 Punkte gibt's, wenn's wirklich falsch war!

Auswertung:

0 bis 15 Punkte:

Tut uns Leid, aber Sie spielen leider immer noch in der **Kreisklasse**. Haben Sie dieses Buch etwa von hinten begonnen? Dann sei Ihnen verziehen. Ansonsten sollten Sie jetzt eine wichtige Entscheidung treffen: Fußballbraut ja – oder nein? Wenn nicht, kein Problem – es ging ja bislang auch irgendwie. In Zeiten »wichtiger« Fußballturniere sollten Sie dann aber Urlaub nehmen oder sich anderweitig unsichtbar machen – damit Sie Ihrem Liebsten und allen anderen Fußballbegeisterten in Ihrem Bekanntenkreis nicht die Freude am Spiel nehmen. Entscheiden Sie sich jedoch *für* eine Zukunft als Fußballbraut, empfehlen wir Ihnen ein ausführliches Trainingsprogramm – Stadionbesuch inklusive. Also ab sofort: Bundesliga schauen, die Webseiten des DFB regelmäßig besuchen – und vor allem wann immer möglich das Gespräch über Fußball suchen!

16 bis 35 Punkte:

Sie sind eindeutig auf dem richtigen Weg und haben immerhin schon den Aufstieg in die **Regionalliga** geschafft. Zur perfekten Fußballbraut fehlen Ihnen noch ein wenig Backgroundwissen und Empathie, aber das gewinnen Sie ganz leicht. Konzentrieren Sie sich in Zukunft auf Länderspiele, die gemeinsam mit Freunden geschaut werden – und hören Sie vor allem zu! Lassen Sie die Stimmung auf sich wirken, und vergessen Sie einfach einmal alles um Sie herum (im Zweifelsfall hilft hier auch ein Glas Bier). Wir sind uns ganz sicher, dass Sie mit ein bisschen Übung bald Bundesliga-Niveau erreichen!

36 bis 55 Punkte:
Herzlichen Glückwunsch, Sie spielen bereits in der höchsten nationalen Liga, der **Bundesliga**! Vermutlich schätzt man Sie mittlerweile als begeisterte Fußballanhängerin, der es gelingt, sich optimal auf Fußball-Events einzustellen. Jetzt geht es nur noch um den Feinschliff – also den gepflegten Kommentar, richtige Prognosen und Detailkenntnisse zu wichtigen Mannschaften und Spielern. Das haben Sie bald drauf, ganz sicher. Unser Tipp: Verfolgen Sie die tagesaktuellen Fußballmeldungen im Internet – dann sind Sie bald völlig auf dem Laufenden!

Mehr als 55 Punkte:
Wow, eine echte Fußballbraut! Lassen Sie sich in Zukunft nichts mehr vormachen: Sie sind dabei, Sie spielen in puncto Fußball-Know-how im **Nationalteam**! Willkommen im Club – neben all den anderen besseren Schiedsrichtern, Trainern und Kommentatoren! Sie sind eine Bereicherung für jeden Fußballabend und sollten das auch zelebrieren. Wir empfehlen Ihnen, noch einen draufzusetzen: Laden Sie Ihre Fußballfreunde oder -freundinnen gezielt zu »echten« Fußballabenden ein – mit passendem Outfit und Co. Wir garantieren unvergessliche Abende …

Glossar

Abseits – regelwidrige Stellung eines angreifenden Fußballspielers vor dem gegnerischen Tor.

Abseitsfalle – taktisches Stellungsspiel einer Mannschaft, bei der gezielt versucht wird, durch gleichzeitiges Vorrücken in der eigenen Hälfte einen gegnerischen Spieler ins Abseits zu bringen.

Abseitsregel – die schwierigste und umstrittenste aller Fußballregeln, wird immer wieder überarbeitet.

Abwehr – Sammelbegriff für die Verteidigungsspieler einer Mannschaft.

Abwehrspieler – Verteidiger, Libero und Vorstopper plus Torwart.

Angriff – Sammelbegriff für die Stürmer beziehungsweise Angriffsspieler einer Mannschaft.

Angriffsspieler – Mittel- und Außenstürmer.

Anstoß – der erste Schuss oder Pass bei Spielbeginn, einer neuen Halbzeit oder nach gefallenen Toren, vom Anstoßpunkt in der Spielfeldmitte aus; wird angepfiffen.

Anstoßpunkt – weiß markierter Punkt in der Spielfeldmitte.

Ballannahme – Art und Weise, wie ein Ball von einem Spieler gestoppt und für weitere Aktionen vorgelegt wird.

Defensiv-Fußball – auf Verteidigung ausgelegtes Spiel.

DFB – Abkürzung für Deutscher Fußballbund, Dachorganisation sämtlicher Fußballvereine mit Sitz in Frankfurt/Main.

Direkter Freistoß – Freistoß, bei dem der ausführende Spieler direkt auf das gegnerische Tor zielen darf.

Doppelpass – Spielkombination, bei der ein Ball zwischen zwei Spielern mehr als zweimal direkt hin und her wechselt.

Dreierkette – auch Dreier-Abwehrkette, taktische Mannschaftsaufstellung, in welcher der Libero zwischen die Außenverteidiger vorrückt und die Aufgaben eines Innenverteidigers übernimmt.

Dribbling – gekonntes Umspielen vom Gegner mit dem Ball, Spezialität südamerikanischer Spieler.

Eckball – ein von der Spielfeldecke hereingeflankter Ball, der nach Torausballen gegeben wird, die von der verteidigenden Mannschaft verursacht wurden.

Ecke – verkürzte Redeweise für Eckball oder für den mit einer Fahne im Viertelkreis markierten Eckpunkt eines Fußballfeldes.

Eigentor – Treffer, der versehentlich im eigenen Tor landet; oft aufgrund von Abwehrfehlern.

Einwechslung – Austausch von Spielern während des Spiels nach Verletzungen oder taktischen Überlegungen (taktische Auswechslung).

Einwurf – Überkopf-Einwurf des Balles durch die jeweils gegnerische Mannschaft des Spielers, der den Ball zuvor ins Seitenaus befördert hatte.

Elfmeter – Strafstoß vom Elfmeterpunkt aufgrund eines

Fouls der verteidigenden Mannschaft im eigenen Strafraum.

Elfmeterpunkt – markierte Stelle im Strafraum, von der ein Elfmeter ausgeführt wird.

Elfmeterschießen – letzter Versuch, ein Spiel durch Sieg und Niederlage zu entscheiden, findet nach unentschieden ausgegangenen Verlängerungen statt. Abwechselnd wird dabei nach bestimmten Regeln ein Elfmeterschuss aufs gegnerische Tor geschossen.

Europameisterschaft (EM) – europäisches Turnier, bei dem Nationalmannschaften, die sich vorher qualifiziert haben, in Gruppen gegeneinander spielen, um hinterher den Europameister zu krönen.

Fallrückzieher – spektakuläre Schusstechnik.

Fehlpass – Ergebnis eines schlechten Passes, wenn der Ball beim Gegner landet.

FIFA – Abkürzung für **F**édération **I**nternationale de **F**ootball **A**ssociation, Fußballverband mit Sitz in Zürich.

Foul – regelwidrige Tätlichkeit an einem gegnerischen Spieler (absichtlich oder unabsichtlich).

Freistoß – wird immer dann für die gegnerische Mannschaft gegeben, wenn eine Regelwidrigkeit außerhalb des Strafraums stattgefunden hat; man unterscheidet zwischen direktem und indirektem Freistoß.

Gelbe Karte – Verwarnung für einen Spieler nach schweren Regelverletzungen, Fouls oder Beleidigungen.

Gelb-rote Karte – auch Ampel-Karte genannt, wird vom Schiedsrichter gezogen, wenn ein Spieler bereits die gelbe Karte gesehen hat und wiederholt foult oder gegen Regeln verstößt; bedeutet Platzverweis.

Grätsche – Technik, bei dem mit gegrätschtem Bein in den Lauf des Gegners gespielt wird, um den Ball zu bekommen oder ihm eine andere Richtung zu geben.

Halbzeit – eine Spielhälfte, dauert im Normalfall 45 Minuten.

Halbzeitpause – Pause von 15 Minuten zwischen zwei Halbzeiten.

Handspiel – unerlaubtes Berühren oder Führen des Balles mit der Hand, wird abgepfiffen und mit Freistoß geahndet.

Indirekter Freistoß – Freistoß, der nicht direkt auf das gegnerische Tor ausgeführt werden darf; mindestens ein Feldspieler muss den Ball zusätzlich berührt haben, ehe ein Tor gewertet wird.

Konter – Tempo-Gegenstoß einer Mannschaft, wenn der Gegner eigentlich noch im Sturm beschäftigt ist und den Ball verliert.

Kopfball – Technik, bei welcher der Fußball mit dem Kopf angenommen, weitergeleitet oder direkt auf das Tor gespielt wird.

Libero – Abwehr-Chef ohne direkten Gegenspieler, organisiert die Verteidigung einer Mannschaft.

Linienrichter – Schiedsrichter-Assistent am jeweiligen Seitenrand des Spielfeldes; greift nicht direkt ins Spiel ein, ist aber berechtigt, per Fahnensignal Abseitspositionen, Fouls und Bälle im Aus anzuzeigen.

Manndeckung – Taktik, bei der jeder Abwehrspieler für einen gegnerischen Angriffsspieler verantwortlich ist.

Mannschaft – Fußballteam, im Normalfall bestehend aus zehn Spielern und einem Torwart plus bis zu drei Auswechselspielern.

Mannschaftskapitän – der Chef einer Mannschaft auf dem Feld; erkennbar durch die so genannte Kapitänsbinde am Oberarm.

Mauer – Abwehrkette aus mehreren dicht nebeneinander stehenden Spielern bei Freistößen in Tornähe; soll direkten Torschuss verhindern. Eine Mauer muss 9,15 Meter Abstand zum Freistoßpunkt halten.

Mittelfeld – bezeichnet den Raum zwischen Angriff und Verteidigung, wird auch als Überbegriff für die darin agierenden Spieler verwendet.

Mittelfeldspieler – die (meist drei) Verbindungsspieler zwischen Verteidigung und Angriff.

Mittelkreis – Kreis um den Anstoßpunkt herum, in dem sich bei einem Anstoß bis zur ersten Ballberührung nur Spieler der anstoßenden Mannschaft aufhalten dürfen.

Mittellinie – mittlere Trennlinie zwischen den beiden Spielfeldhälften.

Mittelstürmer – der Spieler, der im Zentrum des Sturms spielt.

Nachspielzeit – Zeitraum, den ein Schiedsrichter über die reguläre Spielzeit hinaus weiterspielen lässt, um durch Fouls, Verletzungen oder andere Unterbrechungen verlorene Spielzeit nachzuholen.

Offensivfußball – auf Angriff ausgerichtetes Spiel.

Pass – direktes und gezieltes Zuspielen eines Balles.

Querpass – Pass, der senkrecht zur Laufrichtung erfolgt, oft von den Außenspielern in die Mitte oder von Seite zu gegenüberliegender Seite.

Raumdeckung – Taktik, bei der jeder Abwehrspieler für einen bestimmten Raum verantwortlich ist.

Riegel – Verteidigungstaktik, bei der sich neben den Abwehrspielern auch das Mittelfeld beim gegnerischen Angriff komplett zurückzieht und dadurch »hinten dichtmacht«.

Rote Karte – Platzverweis nach Beleidigungen, groben Fouls oder anderen Tätlichkeiten an gegnerischen Spielern oder dem Schiedsrichter.

Schiedsrichter – auch »Unparteiischer« oder »Schiri« genannt, leitet das Spiel und sorgt für Einhaltung der Regeln.

Schwalbe – vorgetäuschtes Foul.

Seitenaus – Raum hinter der Seitenlinie; auch Bezeichnung für »Ball im Seitenaus«.

Seitenlinie – seitliche Begrenzung an den Längsseiten des Spielfeldes.

Sperren – regelwidrige Wegversperrung eines Gegenspielers, der nicht im Ballbesitz ist (»Sperren ohne Ball«).

Spielfeld – reguläre Fußballfelder sind 100 bis 110 mal 64 bis 75 Meter groß, Rasen.

Spielzeit – ein reguläres Fußballspiel dauert zweimal 45 Minuten plus 15 Minuten Halbzeitpause.

Standard-Situation – Spielsituation, die im Training regelmäßig geübt werden kann (zum Beispiel Eckbälle).

Statistik – in letzter Zeit besonders beliebte Auflistung von Torschüssen, Chancen, Siegen etc., um scheinbar objektive Aussagen über die Leistung einer Mannschaft zu erhalten.

Strafraum – auch »Sechzehner« genannt, rechteckiges Feld, das 16 Meter vor dem Tor beginnt und in dem der Torwart den Ball mit der Hand spielen darf. Fouls oder Regelwidrigkeiten der verteidigenden Mannschaft werden hier mit Elfmeter bestraft.

Strafstoß – andere Bezeichnung für Elfmeter.

Stürmer – Angriffsspieler; Außen- oder Mittelstürmer.

Sturm – andere Bezeichnung für alle Angriffsspieler.

Sturmspitze – die Angriffsspieler, die ganz vorn spielen.

Taktik – strategische Grundlage für das Spiel einer Mannschaft.

Taktisches Foul – auch »lohnendes Foul« genannt, bei dem es meist darum geht, den Gegner (regelwidrig und unfair!) in einer scheinbar ausweglosen Situation oder bei Übermacht zu stoppen.

Technik – das gesamte spielerische Know-how im Fußball, Grundlage fürs korrekte Kicken.

Tor – Ziel eines jeden Balles an den Kopfenden des Spielfeldes (Maße 7,32 x 2,44 Meter), auch der Treffer selbst wird so bezeichnet.

Torauslinie – Spielfeldbegrenzung innerhalb der Tore; erst wenn ein Ball diese Linie tatsächlich passiert hat, wird ein Treffer gewertet.

Torjäger – Spieler, die besonders viele Tore schießen und im Spiel taktisch darauf eingeschworen werden, meist Stürmer.

Torjägerlisten – ewige oder saisonale Bestenlisten der Spieler mit den meisten Treffern.

Torraum – rechteckiges Feld unmittelbar vor dem Tor, in dem der Torwart nicht angegriffen werden darf.

Torwart – der Spieler, der das eigene Tor bewacht und sozusagen als letzte Instanz dafür sorgen soll, dass die gegnerische Mannschaft keine Treffer erzielt.

Verlängerung – zusätzliche Spielzeit nach einem unentschieden ausgegangenen Match, um einen Sieger zu ermitteln; in der Regel zweimal 15 Minuten.

Verteidiger – andere Bezeichnung für die äußeren Abwehrspieler, die zwischen Libero und Vorstopper spielen. In einer Viererkette fallen Libero und Vorstopper weg, dafür kommen zwei Innenverteidiger dazu.

Viererkette – neuerdings beliebte Abwehraufstellung, bei der Libero und Vorstopper zugunsten zweier zusätzlicher Innenverteidiger wegfallen.

Vorstopper – der vorderste Abwehrspieler, mittig positioniert und in engem Kontakt mit dem Mittelfeld.

Vorteilsregel – kommt bei Foul oder Regelwidrigkeiten zum Zug, wenn die geschädigte Mannschaft in Ballbesitz bleibt und Interesse daran hat, dass das Spiel unabgepfiffen weiterläuft.

Weltmeisterschaft (WM) – höchstes Fußballturnier der Welt, bei der die weltbesten Nationalmannschaften zunächst in Gruppen (für die es sich zu qualifizieren gilt) und später dann im K.-o.-System gegeneinander spielen und einen Weltmeister ermitteln; findet 2006 in Deutschland statt.

Zeitlupe – extrem langsame Wiederholung wichtiger Spielszenen bei einer Fernsehübertragung.

Ausgewählte Literatur

Fußballbücher gibt es wie Sand am Meer! Jeder Wettkampf ist ausführlich dokumentiert, diverse Handbücher und Ratgeber vermitteln Regeln und wichtiges Fußballwissen – und zahlreiche Nachschlagewerke befassen sich bierernst oder humorvoll mit einem Phänomen, das Leser aller sozialen Schichten und intellektuellen Ansprüche fasziniert. Dann gibt es noch die vielen Fußballer-Biografien und die oft unsäglich schlechten Autobiografien vermeintlich wichtiger Kicker. Hinzu kommen die tagesaktuellen Neuigkeiten in Zeitungen und Internet, so dass jeder, der sich mit Fußball beschäftigt, zunächst vor einem gigantisch hohen Berg an Material steht.

Auch uns ist es anfangs so ergangen – wir haben uns dann jedoch dazu entschlossen, nur mit einer Auswahl an Literatur zu arbeiten. Den Anspruch der Vollständigkeit erheben wir nicht, wozu auch? Veränderung gehört beim Fußball zum Tagesgeschäft, das ist nun einmal so.

Nachfolgend haben wir Ihnen daher die Bücher, Zeitschriften, Zeitungen und Webseiten zusammengestellt, die wir regelmäßig konsumiert oder frequentiert haben und Ihnen empfehlen möchten – nicht mehr, aber auch nicht weniger.

Bücher

Böttiger, Helmut: *Kein Mann, kein Schuss, kein Tor. Das Drama des deutschen Fußballs.* München 1997

Drechsel, Sammy: *Elf Freunde müsst ihr sein.* (Hörbuchversion gelesen von Dieter Hildebrandt), Hörcompany Hamburg 2002

Eichler, Christian: *Lexikon der Fußball-Mythen.* Frankfurt 2000

Eichler, Christian: *Kleines Lexikon der Fußballnieten. Pleiten, Flops und Eigentore.* Frankfurt 2002

Grün, Anselm: *Kämpfen und lieben. Wie Männer zu sich selbst finden.* Münsterschwarzach 2003

Häuser, Winfried und Backes, Marlene: *Sport und Partnerschaft. Sinnvoll Sport treiben im Spannungsfeld von Liebe, Ehe und Beruf.* Oberhaching 1990

Hornby, Nick: *Ballfieber. Die Geschichte eines Fans.* Hamburg 1996 (engl. Fever Pitch, London 1992)

Jay, Timothy: *Why we curse.* John Benjamins Publishing Co, 2000

Meier, Robert: *Der Bauch ist rund und Schluss ist, wenn die Hebamme abpfeift.* Frankfurt 2005

Patz, Detlev: *Mein Fußballbuch.* München 2003

Schulze, Ludger: *Die Mannschaft. Die Geschichte der Deutschen Fußball-Nationalmannschaft.* München 1986

Schümer, Dirk: *Gott ist rund. Die Kultur des Fußballs.* Berlin 1996

Schwarz, Martin M.: *5 Jahrzehnte Fußball im Originalton.* Hessischer Rundfunk gemeinsam mit Hörbuch Hamburg 2000

Zeitungen

Besonders empfehlenswert: der Sportteil in der *Süddeutschen Zeitung* am Montag!
Weitere: *Frankfurter Allgemeine Zeitung, taz, Bild.*

Zeitschriften

Kicker (führt kein Weg daran vorbei)
rund
11 Freunde – Magazin für Fußballkultur
Player
Champ
Fußballfieber

Internet

Auf diesen Seiten haben wir gern gestöbert:
www.dfb.de
www.fifa.com
www.blutgraetsche.de
www.philosophyfootball.com

Dank

Dieses Buch wäre ohne die Unterstützung von Josef Hladky und Bernd Görner, Tom Carlos, Julius, Pavlina und Dennis, den Donnerstagsfrauen, Dr. Hans-Dieter Hermann, Joachim Kurz, Steffen Rieger, Philipp Laux, Dr. Steffen Bauer, Dr. Sebastian Poliwoda, Christiaan Pförtner und Nina Deißler nicht in dieser Form zustande gekommen.

Ein besonderer Dank geht an Margit Schönberger, Monika König und Wiebke Rossa.

Schwetzingen/Mannheim im September 2005
Carola Kupfer und Christine Weiner

Register